武汉市教育科学“十三五”规划课题“生成性绘本主题探究课程开发与实施的研究”成果

生成性绘本
主题探究课程及活动设计

主　编　崔　琴
副主编　郑　阳　任佳惠
编　委　崔　琴　郑　阳　任佳惠　毛贝贝　常飞燕
　　　　熊　婷　刘海菊　吴　寒　王　群　程先荣

WUHAN UNIVERSITY PRESS
武汉大学出版社

图书在版编目(CIP)数据

生成性绘本主题探究课程及活动设计/崔琴主编．—武汉：武汉大学出版社,2020.11
ISBN 978-7-307-21818-5

Ⅰ.生…　Ⅱ.崔…　Ⅲ.学前教育—教学参考资料　Ⅳ.G613

中国版本图书馆 CIP 数据核字(2020)第 189100 号

责任编辑:罗晓华　　责任校对:李孟潇　　版式设计:马　佳

出版发行：**武汉大学出版社**　(430072　武昌　珞珈山)
(电子邮箱：cbs22@ whu.edu.cn　网址：www.wdp. com.cn)
印刷：湖北金海印务有限公司
开本:720×1000　1/16　印张:10　字数:149 千字　插页:1
版次:2020 年 11 月第 1 版　2020 年 11 月第 1 次印刷
ISBN 978-7-307-21818-5　定价:32. 00 元

前　　言

绘本，超越语言，跨越文化，给读者提供一个宽广的想象世界，更是儿童最佳的阅读题材。儿童阅读绘本，可以陶冶情操、开阔视野、丰富经验、激发创造性思考、培养对美的感受。以绘本为友的儿童，从看绘本中"学习阅读、学会探索"，也从绘本中"认知世界"。因此，绘本乃培养儿童喜爱阅读、乐于阅读的最佳读物。

随着时代的发展和社会的进步，绘本教学也成为我国幼儿园不可或缺的一部分。怎样科学探究绘本的多元阅读，以适应社会发展、跟上时代步伐呢？近几年，武汉经济技术开发区军山蒲潭幼儿园以课题研究为依托，对绘本教学进行了初步探索与研究。2014年至2017年，该园课题"基于幼儿园绘本教学的实践研究"在武汉经济技术开发区立项。2018年至今，"生成性绘本主题探究课程开发与实施的研究"在武汉市规划办立项。几年来，该园认真学习先进的教育理念和教育方法，树立正确的儿童观、教育观和课程观，研究绘本的多元价值并建立了绘本资源库；探讨绘本的多元阅读形式，又研究了生成性绘本主题探究课程。在探究生成性绘本主题课程的过程中，开发编写团队研究绘本的多元价值，关注幼儿的兴趣和需要；打开幼儿与书本之间的对话渠道，鼓励幼儿探究、体验和发现；将课程融入幼儿园一日各项活动及家园社区的互动中，提高了幼儿的人文素养、科学素养和艺术素养。

在探究课程的过程中，武汉经济技术开发区军山蒲潭幼儿园和军山龙湖幼儿园两个园所根据课题研究方案，以活动案例为依托，以混合式园本教研的形式，进行课程审议和课程推进。在团队的共同努力下，完成了《生成性绘本主题探究课程及活动设计》这本园本课程精选集的编写工作，编写人员的艰辛努力使得这本书充满了智慧与心血。在本书中，编写人员将绘本主题探究课程的目标体系、课程构架、环境创生、生成预设的转换、师幼互动、家园合作等轨迹自然而精彩地呈现出来。特别是四个绘本主题探究活动案例内容丰富多彩，幼儿童言稚语，处处闪耀着教师的教育智慧和幼儿的探究激情。尤其是在描述活动案例时，教师用叙事故事的口吻娓娓道来。这种叙事故事的描述形式给生成性绘本主题探究课程增添了灵活性与跨越性。本书具有以下特点：

第一，本书是幼儿园课题组带领教师进行园本教科研的产物。幼儿园课题组带领教师认真研究国家学前教育法律法规，认真学习国内外方案教学、探究课程、游戏课程和支持性课程的精髓，以课程审议的形式进行课题研究，促进了绘本主题探究课程的生成，使得师生共同成长。

第二，本书形成了比较科学和完整的理论体系。在研究中，武汉经济技术开发区军山蒲潭幼儿园和军山龙湖幼儿园教师积极吸纳国内外幼教专家的先进教育理论和课程理念，领会国内外先进课程模式的精髓，结合幼儿园课程的特点，逐步形成了幼儿园的生成性绘本主题探究课程的理论框架和课程模式。课程体系涉及的内容有课程哲学、课程理念、课程目标、课程准备、课程实施和课程评价等。

第三，本书探索出了具有引领性和实践性的课程实施模块。课题组树立正确的儿童观、教育观和课程观，边实践、边反思、边修改、边完善，逐步建构了比较科学合理的课程模块。本课程模块包括课程缘由、课程目标、课程资源、课程预设思维图、环境创设、课程轨迹、课程实录、课程评价等。这种课程模块引领和支持着教师、幼儿和家长共同建构课程。

第四，此书见证了武汉经济技术开发区军山蒲潭幼儿园和军山龙湖幼儿园师生和家长共同成长的历程，较好地反映了教师关注幼儿的兴趣和经验，观察和分析了幼儿的行为表现，分析和甄别了绘本的教育价值和可拓展的空间，与幼儿和家长共同亲历了生成性绘本主题探究课程的构建过程。另外，本书还较好地呈现了教师、幼儿和家长共同成长的轨迹，特别是较好地反映了幼儿在探究中学习、探究中成长的经历。

本书是两所幼儿园广大教师深入研究湖北省武汉市教育科学“十三五”规划立项课题“生成性绘本主题探究课程开发与实施的研究”所取得的研究成果之一。本书中的理论体系和活动案例是编写团队的阶段性研究发现，是编写团队的一些新探索与新思考。我们为当下的新发现而高兴，也为未来的新未知而好奇。这种编写教材的思路再一次验证和支持了我们的信念：教育研究作为探索研究，就是一个不断挖掘、不断发现和自我超越的过程。

本书是我们编写团队在绘本主题探究课程中的一个新认识、新突破，也是我们构建幼儿园绘本主题探究课程的一种新尝试、新创新。我们坚信，本书的出版一定能得到专家、教师们的共鸣，因为我们的付出和坚持终会开花结果！让我们为幼儿园更美好的明天呐喊加油吧！

编 者

2020 年 6 月

目　录

第一章 理论篇

幼儿园课程改革是实施高质量幼儿教育的必由之路。随着《幼儿园教育指导纲要(试行)》《幼儿园工作规程》和《3—6岁儿童学习与发展指南》的颁布和实施，幼儿园课程改革如火如荼地进行着。近几年来，武汉经济技术开发区军山蒲潭幼儿园和军山龙湖幼儿园一直在课程改革的道路上探索着。我们期望有一种新的课程模式，既能很好地体现幼儿园的"分享教育"和"合作探究"的办园理念，又能很好地促进幼儿的人文素养、科学素养和艺术素养的提高。随着2015年对武汉经济技术开发区教育规划办立项课题"基于幼儿园绘本教学的实践研究"课题的研究与尝试，以及2018年对武汉市教育规划办立项课题"生成性绘本主题探究课程开发与实施的研究"的研究与创新，我们幼儿园的课程改革之路正在开启，"生成性绘本主题探究课程"的研究也初见成效，并初步形成了幼儿园园本课程的理论体系和实践路径。

第一节 幼儿园课程哲学

一、幼儿园课程哲学的定义

(1)幼儿园。关于“幼儿园”这一概念，学界一般把其定义为实施幼儿保育和教育的专门机构，即“场所说”或“组织说”。

(2)幼儿园课程。幼儿园课程的概念是基于课程概念衍生而来的。关于“课程”这一概念，存在着许多种定义：课程是学科、是教材、是进程、是经验。但所有这些课程的定义只是基于的维度不同，无正确错误之分。因此我们可以把幼儿园课程界定为为实现幼儿园教育目的、促进幼儿身心发展的手段、内容、经验、活动的总和。从体系结构看，幼儿园课程包含目标、内容、实施、评价等要素；从载体形式看，幼儿园课程包含课程政策文本、课程大纲或课程标准、教科书、教材等。总之，我们认为，幼儿园课程就是能够满足幼儿发展需要的各种活动。幼儿园课程观既强调幼儿园课程是“在跑道上跑”的过程，也突出“跑”的结果，同时它还强调课程是与幼儿的操作、探究、交往、感受等行动联系在一起；是与幼儿的现实生活紧密相连的。

二、幼儿园教育哲学

我们深知：没有理论指导的实践是盲目的实践。幼儿园课程的教育实践与改革都需要在一定的理论基础之上进行探索与求证。武汉经济技术开发区军山蒲潭幼儿园和军山龙湖幼儿园园本课程——“生成性绘本主题探究课程”的教育思想源于杜威的“从做中学”以及维果茨基的“最近发展区”的教育思想；我们的教育理论秉承建构主义学习理论、主体教育理论和活动课程理论。

(一)教育思想

1. 杜威“从做中学”教育思想

教育即生活。杜威指出，儿童的本能生长总是在生活过程中展开的，或者说生活就是在生长的社会性表现。在杜威看来，最好的学习就是“从生活中学习”，学校教育应该利用儿童现有的生活作为其学习的主要内容。他认为应把教育与儿童眼前的生活结合起来，教儿童学会适应眼前的生活环境。

教育即生长。教育的本质和作用就是促使儿童的本能生长。由此，杜威提出了著名的“儿童中心主义”的思想。杜威强调，在教育过程中要重视儿童的本能活动，并把它们作为教育的出发点。

教育就是经验连续不断的改造。在杜威看来，既然经验是认识世界的基础，教育也就是通过儿童自身的活动去获得各种直接经验的过程。教育的主要任务并不是教给儿童既有的科学知识，而是要让儿童在活动中自己去获取经验。

2. 维果茨基“最近发展区”教育思想

维果茨基是苏联著名心理学家。20 世纪 30 年代初，他首先将“最近发展区”这一概念引入儿童心理学的研究，提出“良好的教学应走在发展前面”的著名论断。并指出，教学的着眼点就是要看到儿童的明天，即“判明儿童发展的动力状态”。“最近发展区”理论的基本观点是：在确定发展与教学的可能关系时，要使教育对学生的发展起主导和促进作用，就必须确立学生发展的两种水平。一是其已经达到的发展水平，表现为学生能够独立解决问题的智力水平。二是其可能达到的发展水平，但要借助成人的帮助，在集体活动中，通过模仿，才能达到解决问题的水平。

维果茨基特别指出，我们至少应该确定儿童发展的两种水平，如果不了解这两种水平，我们将不可能在每一个具体情况下，在儿童发展进程与他所受教育的可能性之间找到正确的关系。维果茨基将学生在指导下借助成人的帮助所能达到解决问题的水平与在独立活动中所达到的解决问题的水平之间的差异称为“最近发展区”。正是教学创造着最近发展区，所以维果茨基认为，教育不应当以儿童发展的昨天，而应当以儿童发展的明天为方向。只有这样，教育才能在教学过程中激起那些目前尚处于“最近发展区”内的发展过程，第一个发展水平与第二个发展水平之间的距离同样也是由教与学的动态决定的。

(二)教育理论

1. 建构主义理论

施瓦布首次提出建构主义学习理论。即知识不是通过教师传授得到，而是学习者在一定的情景即社会文化背景下，借助其他人(包括教师和学习伙伴)的帮助，利用必要的学习资料，通过意义建构的方式而获得。这就对教学提出了新的要求：教学不仅要考虑教学目标、幼儿特征，还要考虑如何选择与利用媒体来整合课堂教学，才能激发幼儿的能动性和积极性，有利于幼儿对所学知识的意义建构。

2. 主体教育理论

主体教育是20世纪80年代末在我国形成的主体教育思想。人之所以成为主体，是在他同自然、社会及他自身发生的关系中确立的。主体可以是单数，也可以是复数，即主体包括个体主体、群体主体和类主体。这种在具体的、动态的关系中整体把握的主体概念，可以克服原有主体概念的局限性。主体性是人作为社会活动主体的本质属性。主体性有三个基本特征，即自主性、主动性和创造性。

3. 活动课程理论

活动课程理论的主要倡导者、美国实用主义教育家杜威主张：经验论教育就是经验的改造或改组。以儿童为中心的活动论、活动课程论认为，教育应以儿童实际经验为起点，从做中学；要重视儿童学习活动的心理准备，在课程设计与安排上满足儿童的兴趣，有很大的灵活性，调动儿童学习的主动性和积极性；强调实践活动，重视儿童通过亲自体验获得直接经验；强调围绕现实社会生活各个领域精心设计和组织课程，使儿童获得对世界的完整认识。活动课程理论主张课程内容要适合儿童的需要和接受能力，要求以活动为中心组织教学，没有固定的课程标准和教材。教学要根据具体实际来制定恰当的、适合于儿童实际的课程目标。课程是师幼进行建构的文本，设定了丰富性、回归性、关联性，强调课程实施不应拘泥于灌输和阐释，所有课程参与者都是课程的开发者，课程是师幼共同探索新知识的过程；课程内容要求消解学科边界，甚至最终取消学科本身，主张通过跨学科的、非线性的和流动鲜活的综合课程把儿童置于现实生活中，学习现实生活世界所需的知识与技能。

三、幼儿园课程教育价值

我国幼儿课程发展和演变的过程经历了社会中心、知识中心和儿童中心三个价值取向阶段，三种价值取向各适应不同时期，各有优劣。如今，我国幼儿园课程价值取向结合三者之长，主要将以儿童为中心作为幼儿园课程改革价值取向的总趋势，有儿童中心、社会中心、知识中心三种价值取向相互融合的发展态势。武汉经济技术开发区军山蒲潭幼儿园和军山龙湖幼儿园的园本课程——“生成性绘本主题探究课程”强调以儿童的兴趣和已有经验为出发点，师生以绘本为主轴、以社会为课堂，进行多方面的合作探究。

(一)生成性绘本主题探究课程以儿童为中心

2001年，我国颁布的《幼儿园教育指导纲要(试行)》是我国幼儿园教育改革具有历史性的文件，该文件充分体现了幼儿教育中新的价值取向，即以儿童全面和谐发展为本，教育内容上注重儿童的健康、语言、社会、科学和艺术的全面启蒙，促进幼儿情感、态度、能力、知识和技能等方面的发展，此外，《幼儿园工作规程》中提到“应遵循全体幼儿身心发展规律，注重个体差异，热爱儿童，为儿童提供丰富多样的教育活动”。随着课程改革的深入，人们普遍认识和接受以儿童为中心的课程价值取向。幼儿园生成性绘本主题探究课程即注重儿童本身发展的价值，紧密围绕着促进儿童全面发展而进行和展开。

(二)生成性课程强调将儿童中心、社会中心和知识中心相互融合

辩证唯物主义认识论认为，世界上的一切事物都是相互联系、相互促进、相互矛盾和相互依存发展的。这就要求我们在看待事物时，必须坚持用联系的、发展的和全面的观点看待问题。因此，我国学前教育非常强调应将儿童中心、社会中心和知识中心三者合理地结合起来，更好地把握课程价值和促进课程价值的发展。首先，儿童是活生生的人，知识的储备应作为儿童发展的前提和基础保障。其次，儿童最终要走向社会、适应社会并为社会的发展服务。

最后，社会得到更好的发展又反过来促进教育的发展和进步，最终达到人、知识、社会和谐发展的理想境界。幼儿园正在实施的生成性绘本主题探究课程应以儿童中心作为一个大的指导背景，使儿童中心、社会中心和知识中心相互融合。我们在选择绘本、分析绘本、探究绘本主题活动时，应关注幼儿的兴趣点和已有经验、关注社会发展需要和幼儿个体成长需要、关注绘本可衍生的多方面的课程和教育价值，使教育的三种价值取向互相融合为一个整体。同时，我们的课程应寓于一日学习活动、生活活动、户外活动、游戏活动中；应与家庭、社区紧密配合，让孩子在与教师的互动、与同伴的互动、与家长的互动、与社会的互动中全面健康地成长。

一百个孩子，一百个世界。每个孩子对世界的认识都不一样，我们的生成性绘本主题探究课程就是要认可每个孩子的生命体验，尊重他们的选择和体验。结合主题，组织多种丰富的活动，创设多种适宜的区域，投放多种难易程度不同的材料，灵活地组织集体、小组和个别的学习游戏活动。在各种活动中，多观察孩子、尊重孩子、支持孩子、引导孩子，让每个孩子都有自己的发展高度、探究经历和成长体验，让课程真正地回归儿童。

在这样一个快速变革的时代，课程应是幼儿面向未来的引擎，应是幼儿园培养孩子的蓝图，应是幼儿成就自我的旅行，这是我们追求的课程哲学。

第二节 课程理念

《幼儿园教育指导纲要(试行)》指出：“引导幼儿接触优秀的幼儿文学作品，使之感受语言的丰富和优美，并通过多种活动帮助幼儿加深对作品的体验和理解。”在诸多文学作品中，绘本以图画为生命和灵魂，以图文结合的形式，用图文关系表达特定的主题。绘本作为一种独特的儿童文学形式，以它的生动性和趣味性满足了幼儿好奇的天性，为幼儿打开了通往世界的窗口。近年来，世界各国的学前教育工作者都很注重发挥绘本的多重教育价值，随着绘本阅读成为全世界幼儿阅读的时尚，以绘本为媒介的幼儿园生成性绘本主题探究活动成为当前学前教育的一个重要的探索课题。

武汉经济技术开发区军山蒲潭幼儿园和军山龙湖幼儿园在组织绘本教学中，已由传统的绘本领域教学转变为师生共同构建生成性绘本主题探究课程。我们期望关注幼儿的兴趣点并寻找有价值的教育，实现师生共同构建课程、师生共同成长的目的。幼儿园致力于幼儿分享、探索、合作、创造力的培养；希望每个幼儿都能够健康快乐、自主自信、好奇探究、分享合作；乐学、善思，在快乐中分享、合作中发展。秉承着分享童真、共享成长的办园理念构建生成性绘本主题探究课程，绘“生”绘“引”——让每一个幼儿灵动绽放。

一、生成性绘本主题探究课程内涵

生成性绘本主题探究课程是教师通过与幼儿共同研读绘本，追随幼儿阅读的兴趣，挖掘、运用、整合绘本中独特、多重的教育元素，与幼儿一道生成系列教育活动，并有效利用家庭、社区有效资源，引发出幼儿的已有经验，并将此保留、迁移、拓展到五大领域中，从而更好地促进幼儿的全面和谐发展。

因此，在生成性绘本主题探究课程的框架下，教师要斟酌选材、了解绘本价值、关注幼儿差异、追随幼儿兴趣，从幼儿内在需求出发以及幼儿年龄特点发展的水平基础及发展目标的外在的、合理的需求考虑，预设课程的设计与实施，并随时生成与调整。

二、生成性绘本主题探究课程特点

(1)针对性。也就是基于班级幼儿年龄特点、兴趣爱好及班级情况精准调研的课程设计。以满足幼儿全面发展为需求导向，首先需要教师充分了解幼儿的发展情况，变以往的教师主观性为幼儿能动性，精准调研幼儿对绘本的喜爱，生成数据客观研究。分析不同层次、不同类型幼儿的需求，才有可能有针对性地规划课程，为每个幼儿提供合适、优质的教育。

(2)灵活性。也就是开辟教师与幼儿生成活动的弹性空间来保障课程的实施。幼儿的发展需求是多样而富有个性的。面对一个个灵动的生命个体，我们的课程实施应该是一个具有开放灵活性的运作体系，而不是封闭统一的从目标出发又回到目标的线性运作体系。只有开辟弹性空间才能满足幼儿的个体需求获得发现并满足。

(3)动态性。也就是通过持续的过程性评价不断调整和完善生成性绘本主题探究课程。在探究课程的构建中，我们通过贯穿始终的过程性评价来及时了解、发现和挖掘每一个幼儿的优势潜能及相应的发展需求，并通过适宜的课程来弥补幼儿弱势区域的发展需求，最终促进幼儿的整体和谐发展。

此外，幼儿的发展是一个不断发展变化的过程，具有鲜明的动态性特点，以幼儿兴趣为导向的生成性绘本主题探究课程构建要顺应幼儿兴趣的变化，也必须呈现为动态性，并辅以过程性、呈线性的评价，让课程的构建和后继的运转形成螺旋上升式的良性循环。

第三节　课程目标

美国著名教育学家、课程理论家泰勒认为，活动课程应根据学习者本身的需要、当代校外生活的要求以及专家的建议三方面提出。它可概括为目标、内容、方法、评价，即确定课程目标、根据目标选择课程内容、根据目标组织课程内容、根据目标评价课程。他认为一个完整的课程编制过程都应包括这四项活动。

一、生成性绘本主题探究课程目标

生成性绘本主题探究课程应具备四个方面的发展目标：

一是考虑幼儿的全面发展。根据《3—6岁儿童学习与发展指南》，幼儿在幼儿园一日活动的“养教”中，应形成良好的行为习惯、初步的规则意识、综合的社交技能，那么课程目标应具体落实实施教育的直接目的，帮助幼儿在成长中形成合理、正确的行为模式。因此，幼儿的全面发展、健康成长就是课程目标制定的要素。

二是关注社会发展的需要。生成性绘本主题探究课程在选择绘本开展主题探究活动时，除了考虑幼儿的年龄特点，也要注重社会对幼儿的影响因素。这些社会影响因素或条件需要教师根据实际情况在目标中落实，在实施中促进幼儿的社会性发展。

三是延伸五大领域后的知识与能力发展的需要。因为五大领域依然是幼儿园课程最主要的方面，而生成性绘本主题探究课程的开展与实施除了要考虑活动课程的多向性外，还要在延伸的领域中体现其意义和价值。所以，生成性绘本主题探究课程的目标要适当，综合考虑五大领域的知识与能力的发展，要适合幼儿学习的实际需要，要体现尊重幼儿个体发展的积极要素。

四是与现实接轨的综合素养提升的需要。生成性绘本主题探究课程目标的实现需要课程内容的有效组织和实施，而活动课程的内容来源取决于教师对绘本主题的挖掘，现实情况(即实际情况，包括班级情况、幼儿特点等)可提供教师参考与选择的具体方案。幼儿在感兴趣的具体活动体验中，其感知、操作等技能都能得到加强。因而，让幼儿获得一定的经验储备，是制定课程目标需要重点考虑的要素。

二、生成性绘本主题探究课程的目标取向

(一)行为目标取向

生成性绘本主题探究课程的行为目标取向是指在活动中幼儿参与度、完成度等具体指标特征的变化情况。教师应确定行为目标取向，如中班美术活动中“了解炫彩棒晕染画花的基本方法”，它的行为取向目标表现在“了解”的动词运用上，表示这次活动促进幼儿达到某种行为目的。幼儿在“了解”这种作画方法的实践运用中，必然要通过教师的引导、自身的观察与操作，这就充分实现了“了解”的本质意义。因此，教师为课程制定目标时要具有行为目标取向，才能让活动更具体地落实。

(二)体验目标取向

体验目标取向一般指活动课程中的情感目标，它需要贯穿于活

动的过程中，是教师整个活动的价值导向，也是形成幼儿情感体验的重要条件。因为是体验目标，应侧重幼儿在活动中的“喜欢”“感受”，幼儿必须在活动中通过教师的引导，如环境布置、音乐渲染、角色头饰等，让幼儿通过亲身的参与，如表演、操作等体会某种情感、发现某些秘密、感受某些变化等。这样的体验目标取向就为活动的后续发展做了铺垫。

(三)生成性目标取向

生成性目标取向是绘本主题探究课程发展的动态需求，它重点需要教师关注幼儿在活动中获得经验或知识后的变化状态，从而使教师在活动预设初期能考虑到生成性目标取向与整个活动计划的目标关系。这有利于教师把握活动目标间的逻辑关系，也有利于科学开展拓展活动。这一目标可以“先预设，再调整”，也可以在活动开展中根据需要逐步生成。

第四节　课程准备

生成性绘本主题探究课程是以幼儿为探究主体，在教师、幼儿、环境多种因素的持续对话与互动中动态生长的课程，它具有开放性、动态性、延展性的特点。

在探究课程中，随着教育情境的不断发展，教师应充分挖掘生成性资源，准确捕捉幼儿学习契机并对幼儿的需求与兴趣进行价值判断，师幼共同构建课程。为保证幼儿更有效地学习，教师应形成完备的准备策略，主要包括以下几个方面：

一、环境准备

(一)创设丰富多元环境，刺激幼儿自主探索

环境作为一种“隐性课程”，能有效刺激幼儿与幼儿之间积极的有效互动。教师创设的环境应适宜幼儿年龄特点、身心发展水平、认知水平、兴趣及能力，同时根据绘本主题内容，以丰富的信息引起幼儿观察、思考与探索。

（二）营造愉悦对话环境，使幼儿敢于“生成”

《幼儿园教育指导纲要（试行）》中指出：“教师应关注幼儿在活动中的表现和反应，敏锐地察觉他们的需要，及时以适当的方式应答，形成合作探究式的师幼互动。”因此，营造轻松愉悦的对话环境，实现良好的师幼互动，是开展生成性绘本主题探究课程的第一环。教师应以关怀接纳的态度与每一位幼儿交往，随时倾听他们的想法与感受，抓住教育情境中的每一个契机，与幼儿共同建构课程。

二、经验准备

生成性绘本主题探究课程的建构应该以幼儿兴趣与经验为出发点，由于不同幼儿的认知能力与发展水平不尽相同，教师应通过谈话、游戏等方式，全面、有效了解幼儿已有经验，为生成性绘本主题探究课程的建构打下良好的基础。

同时，幼儿经验是在情境与游戏中循序渐进地发展的，只有充分关注、了解幼儿的已有知识经验水平，才能在生成性活动中根据幼儿与材料、环境互动的水平与质量，适时增减或调整材料，唤醒其已有的经验，将新旧经验联结起来，促进不同幼儿在自身已有经验基础上获取新的经验，从而更好地发挥幼儿的自主性和创造性。

三、资源准备

（1）生成性绘本主题探究课程开展之前，教师应全面了解绘本资源、园所资源、家长资源及社区资源，对周边文化资源、自然资源、交通资源等的选择及利用现状进行分析，有针对性地选取适宜的资源作为储备，建立幼儿园主题活动资源库，这样才能在生成性绘本主题探究课程中充分追随幼儿兴趣点，游刃有余地利用资源展开活动，使绘本主题活动更好地生成，促进幼儿主体性的发挥。

（2）在生成性绘本主题探究课程中，幼儿探索的范围往往涉及较广，幼儿园的资源难以全面满足幼儿的求知，那么教师可以借助家长、社区的丰富资源，充分挖掘其中蕴涵的教育价值，使幼儿通过观察、操作、参观、体验等不同的方式与家长、社区资源有效互动，在真实的情境体验中获取知识与经验。

第五节　课程实施

幼儿园课程是根据幼儿园教育目标为幼儿设计和组织的、有益于其身心健康和谐发展的全部学习经验。同时，幼儿园课程是幼儿园教育活动的总和。作为幼儿园课程的有机组成之一的生成性绘本主题探究课程，是由学习活动、生活活动、户外活动、游戏活动等构成的教育活动体系。因此，建构和实施生成性绘本主题探究课程，我们应从游戏活动(含户外活动)、教学活动、生活活动三条主线入手。

一、创设环境，保证幼儿愉快有益的自由游戏活动

(一)教师应明确活动区的功能

游戏活动为幼儿各方面的学习与发展提供了巨大的可能性，但这种可能性能否实现不仅取决于教师对待幼儿游戏的态度，而且取决于教师为他们创设的游戏环境是否丰富和有益。游戏环境的创设和游戏材料投放的关键是考虑是否适合幼儿的年龄特点和学习的需要。要求教师通过游戏环境的预先设计与建构，引发幼儿与物质环境相互作用，以实现一定的教育目标。我们将活动区的功能定位在以下三个方面：

首先，在一日生活的各个环节中满足幼儿的不同需求，减少等待。幼儿园的性质是保育与教育相结合的，生活环节及活动之间的转换在幼儿日常生活中占有较大的比例，如喝水、如厕、进餐、午睡等。由于是集体生活的场所，加之幼儿能力、需要的不同，不可能所有的孩子在同一时间内做一样的事情，以免出现等待现象。开放、自由的活动区能够填补此时的空白，让环境充当“第三位”老师。

其次，为幼儿自发游戏提供空间，这是活动区的主要功能所在。活动区的名称为教师投放材料的方向起引导作用，活动有大致范围，但没有明确目标，不限定孩子活动的类型。在游戏中，幼儿

可以自由选择材料、伙伴、玩什么、怎样玩等，保证幼儿获得自主游戏的体验是我们的主要目标，教师更多地是以伙伴的身份参与游戏，关注的是幼儿如何创造性地使用材料及想象性的表现。在活动的时间和频次上没有硬性规定，一般说来，大班单位游戏时间长，游戏频率低；小班单位游戏时间短，游戏频率高。同时，我们强调室内活动区游戏时间不能代替户外活动时间。

最后，为生成性绘本主题探究课程的生成、发展和延伸提供契机。我们强调活动区活动与教学活动是密切联系并可以相互转化的。教师可以通过在活动区有意识地投放一些材料，引发幼儿的探索与尝试行为。在幼儿游戏的过程中教师要在观察了解幼儿与环境（包括材料与伙伴）相互作用的方式与特点的基础上，关注幼儿之间发生的认知冲突，敏感察觉幼儿需要教师帮助解决的问题。愉快有益的自由游戏活动首先强调的是自由、愉悦。它体现了活动者的自由意志，是幼儿自发自主的活动，幼儿能自己决定玩什么、与谁玩、怎样玩等。幼儿的自由度越大，游戏性体验就越强，自主性发挥得就越好。其特点是注重过程而不过于追求结果，教育目标隐含在为幼儿提供的环境中，不直接成为对幼儿活动的显性要求，目标通过幼儿与环境的作用，以及幼儿为满足需要的主动活动来实现。强调游戏是幼儿的自我表现，强调是自发无意的。幼儿在自我表现中得到的是对已有知识技能的联系和巩固，不是新的知识经验的直接传授。教师只需观察扶助，必要时给予帮助和支持，如提供材料由幼儿自己去操作，如何操作由幼儿根据自己的水平进行，不必规范幼儿操作的方法，当然提供的材料必须是适宜的。教师的指导主要表现在环境的创设、材料的提供上，幼儿的经验则是在与环境和材料的相互作用中得到无意的强化。

（二）教师应把握活动区的实施要点

（1）充分利用幼儿园空间，为幼儿提供各种游戏活动的场所。特别是要充分利用自然、生活、社区，尤其是军山地域中的各种环境与条件，引导幼儿在游戏中学习、在研究中发现、在探索中前行。

（2）保证幼儿愉快有益的自由活动，提供足够的游戏时间，让幼儿有充分的自主观察、体验、表达、操作的机会，让他们通过这种与环境互动的方式来获得发展。

(3)根据绘本主题活动、幼儿的年龄特点和兴趣需要，科学投放游戏材料，适时更换。各种材料的提供应根据幼儿的年龄特点和需要，因地制宜，就地取材。强调游戏材料的提供要具有可选择性、多变性、操作性及与年龄相适应性。

(4)充分利用和发挥环境的潜在课程功效，引导幼儿参与环境创设，用于探索、思考、想象和创造，使环境成为引发和实施生成性绘本主题探究课程的有效的、活动性的环境。

二、生成性绘本主题探究课程使教学活动游戏化

(一)教师应让幼儿在自主探究中获得游戏化的乐趣

在游戏和一日生活中生成的绘本主题探究课程，是利用以幼儿“主动学习”为特征的自由游戏作为幼儿园教学的组织形式，以解决问题为任务导向，以材料的自由操作为基础，在教师的引导下幼儿自主探究的发现学习活动。虽然它本身并不是游戏，但是由于具备了“幼儿主动活动”的特征——幼儿是自己活动的策划者、执行者与评价者，确立了幼儿在学习活动中的主体地位，可以使幼儿产生以主体性体验为核心的游戏性体验。因此，较好地实现游戏与教学活动的融合，可以成为幼儿园实现以游戏为基本活动的突破口。

生成性绘本主题探究课程的开发以幼儿的自由探索为基础，需要教师观察孩子的兴趣和发展需要，引导孩子沿着自己的活动方向去积极思考和不断探索，并能将探索发现的结果在小组和集体中进行交流分享。要求教师必须改变原来死背教案、简单给予儿童事实或正确答案的教学模式，代之以创设环境，引发问题，让儿童在问题解决过程中不断思考探索、交流分享，真实地展现原有经验到新经验的不断建构的个性化的教学过程。教师角色定位：①探究环境的创设者——创设一个与幼儿探究主题相适应的游戏环境，将促进幼儿发展的教育意图隐含于环境中，从空间、时间、材料上保证幼儿生成性探究活动的开展。②探究过程的观察者——探究过程中观察幼儿的行为，从中发现幼儿的现有发展水平探究的需要和行为上

的困难，以此作为指导幼儿探究的依据。③探究过程的引导——探究发展的引导，以幼儿发展状况以及教师的指导效果的分析为基础，从中分享探索中的情感体验，从而引导幼儿更好地学习和体验生活。

（二）教师应把握实施的要点

（1）善于发现和利用周边生活中的教育资源，善于捕捉幼儿游戏和生活中不断出现的真实问题，结合幼儿兴趣需要生成探究性主题活动，扩展幼儿生活和学习空间。

（2）尊重幼儿的学习方式，引发幼儿内在学习需要。教师提供的探究游戏环境、提出的任务要符合幼儿的兴趣且具有一定的挑战性，但又通过努力可以完成，在充分运用已有活动中不断建构调整自己的经验。

（3）关注幼儿活动过程，引导幼儿运用多种感官感知周围事物，以多种方式（如语言、目光、微笑、动作等）支持和鼓励幼儿的探究活动。创造各种机会，鼓励幼儿大胆提出问题，支持每个幼儿用自己喜欢的方式表达活动中的感受和发现。

（4）善于观察，准确判断，在师幼互动的基础上开展引导。强调教师的引导源自幼儿的需要，在幼儿需要时及时介入，对幼儿的困难给予启发性的帮助，自然地推进幼儿的生成性探究活动。在幼儿专注于自我表现时适时退出。

（5）设置情景，积极猜想；动手操作，尝试实验；收集信息，得出结论。鼓励幼儿大胆发表自己的见解，同时尊重别人的观点和经验，学会合作学习和共同学习。

三、利用游戏活动因素，保证轻松愉快的一日生活

（一）教师应让幼儿的一日生活自由、自主、愉悦

将游戏活动因素渗透到非游戏活动中，是实现非游戏活动游戏化的重要策略。在幼儿园一日生活中，我们主要通过营造非对抗的伙伴关系（平行、协同、合作的伙伴关系）及模拟游戏发生的心理环境等游戏因素的利用，使生活活动游戏化。游戏是儿童自由的、自主的、愉悦的活动。“自由的”“自主的”“愉悦的”活动无不是儿

童的情绪体验的概括，这些情绪体验构成了人的游戏活动的重要心理体验。利用游戏因素，保证轻松愉快的一日生活并非要求吃饭、睡觉、洗手、如厕各个环节都要创设游戏情景，重要的是教师可以通过诙谐幽默的言谈举止和以爱、尊重、平等为基础的教师行为与幼儿的行为进行交互模拟，营造游戏发生的心理环境。游戏是发生在特定环境之中的行为，能够促使游戏发生的背景具有以下特征：

(1)游戏者熟悉的环境。

(2)儿童能够自由选择。

(3)安全、友好的心理氛围。

(4)身心放松，技能状态良好。

幼儿园实现以游戏为基本活动，除实践技术层面要求外，在意识层面还要求教师应具有努力让幼儿在园的分分秒秒都拥有“自由的”“自主的”“愉悦的”情绪体验的教育理想。诚然，幼儿园作为教育场所和集体活动场所，一日生活有着较为严格的秩序。各年龄段的幼儿都要按照一定的操作规范来进行活动。但这并不意味着教师就是儿童行为的监督者和管理者，秩序应是建立在自由和自主基础之上的，纪律也是由儿童活动需要产生的。平等、和谐、自然、融洽的师生关系不仅是幼儿身心健康发展的要求，也是幼儿产生游戏的愿望和冲动所必需的心理环境，需要教师在幼儿园日常生活的环节中处理好秩序、纪律与幼儿自由、自主的关系，在有限制的范围内，给儿童以自由选择的权利，如自己选择何时喝水、何时如厕，选择自己喜欢玩的活动区等。同时，教师与儿童之间能否通过语言、姿势或惯例规则建立一种人性化的协议或默契，对于游戏性心理体验的产生也是至关重要的。幼儿的生活是丰富多彩的，从幼儿的生活中发现有价值的主题，并有选择地将它渗透到幼儿园课程中，既是对教师教育技能的新要求，也是幼儿园课程有机发展的要求。

(二)教师应把握的实施要点

(1)热爱每一位幼儿，尊重幼儿的需要、兴趣及愿望，通过教师的情感、态度、言行举止为幼儿营造一个宽松、接纳、理解、支持的心理环境，使幼儿产生安全感、愉悦感和被信任感，产生游戏性心理体验。

(2)科学安排、合理组织幼儿日常生活中的各项活动，减少不必要的集体活动和过渡环节，减少幼儿消极等待现象，寓教育于日常生活之中。

(3)在日常生活(如散步、出行、谈话)中，引导幼儿体验人与自然的关系，感知自然物(沙、水)的特性，观察人们对物体的作用方式(如推、拉等)，积累生活经验，为深入探索打基础。

(4)引导幼儿感受与教师、与小朋友在一起的快乐。引导他们关心他人，热爱班集体；掌握分享、谦让、合作等交往技能。为每位幼儿提供表现自己长处和获得成功的机会；抓住日常生活中的教育契机，对幼儿进行随机教育。

第六节　课程评价

《幼儿园教育指导纲要(试行)》指出："教育评价是幼儿园教育工作的重要组成部分，是了解教育的适宜性、有效性，调整和改进工作，促进每一个幼儿发展，提高教育质量的必要手段，是教师运用专业知识审视教育实践，发现、分析、研究、解决问题的过程，也是其自我成长的重要途径。"这实际上提出了要建立一个促进幼儿、教师、课程与教学不断发展的评价体系的要求。生成性绘本主题探究课程评价正是在上述精神的指导下开展的。

一、评价遵循的原则

(1)发展性原则。评价以促进被评价个体未来发展为目的，即根据被评者(幼儿)个体过去的基础、现在的表现来预测未来的发展。从评价目标、评价内容、评价方法、评价过程到评价结果的处理都是为了促进幼儿未来的发展，幼儿在被评价中不断认识自我、发展自我、完善自我，实现发展目标，体现了从评价"过去"和"现在"转向"将来"和"发展"的新理念。对幼儿来说，就是要通过评价促进幼儿的全面发展。

(2)合作性原则。评价主体是多元的、合作的。包括幼儿园管理者、教师、儿童、家长、社会(区)人士等。以互相信任、友好合作为基础。和谐、合作、沟通、协调、互感等方式贯穿整个评价过程。

(3)个别差异性原则。评价应遵从和体现幼儿个体的差异性，以多样性评价为基础，根据评价对象(幼儿)不同的年龄特点、身心发展基础，制定不同的发展目标、内容和标准，因材施评，评价主要看基础、看发展、看进步，而不是片面追求评价标准的统一性。

(4)全息性原则。评价应完整把握评价对象(幼儿)的全部信息，强调评价的整体性情景。要求把诊断性评价、形成性评价和终结性评价有机结合为一个整体运动过程。同时将活动过程与评价过程融为一体，设计多种评价工具，如成长档案、家园联系册、观察记录、幼儿日常表现、幼儿的照片、幼儿的视频、幼儿小故事等，通过多种渠道和多种方法对幼儿进行评价，更全面真实地对评价者(幼儿)现在的表现和未来的发展作出合理的判断。

(5)调节导向性原则。评价的结果应以恰当的、具有建设性的方式反馈给被评价者，以发挥评价的反馈、调节、促进发展的功能。对幼儿来说，要注重活动前的评价、活动中的评价和活动后的评价，促进教师、幼儿的反思和成长，建构促进幼儿、教师、课程共同发展的模式。

二、教师在评价中的实施要点

(1)教师应在教育教学过程中给幼儿创造成功的机会。在多种比较中以欣赏的眼光看待幼儿，用激励性的语言进行评价，帮助幼儿正确认识自我和接纳自我，有效培养幼儿的学习兴趣和自信心。

(2)评价过程中应淡化幼儿之间的评比(相对评价)，提倡幼儿与自己的过去比较、幼儿与课程标准比较，及时向幼儿提供反馈信息，使他们能够了解自己的长处和不足，从而使教育活动更好地为幼儿的发展服务。

(3)评价应贯穿于日常的各种活动中，使评价实施日常化、经常化。教育教学活动之前，通过评价确定儿童“最近发展区”；活动过程中，根据幼儿行为及语言及时提供材料，调整教学难度，如根据幼儿的发展情况，适时调整活动区，更换游戏材料；生活活动中根据评价开展个别化教育等。动态化的评价为幼儿在一定程度上按照自己的学习进度学习提供了可能，是因材施教的前提和保证。

(4)体现教育评价内容的全面性。不仅要评价教师的教，还要评价幼儿的学；不仅评价教育活动的结果，也评价教育活动的过程；不仅评价幼儿在知识、技能、智力和能力等认知方面的发展，还要评价幼儿情感态度、意志、个性、人格等非认知因素的发展。

(5)从多个角度去评价幼儿。如对幼儿绘画的评价不再是“像不像”一个标准，而是从构图、涂色、想象、创造等多个方面评价，从而让每个幼儿都获得成功的体验，都能在自尊、自信中快乐地成长。再比如，除认知发展外，还重视幼儿其他潜能与特质的发展，特别是学习兴趣、学习能力、探究与创新能力、合作能力、实践能力等方面的发展。

(6)充分发挥各种评价方法的优势和特长，把定性方法与定量方法、自评与他评、结果评价与过程评价、形成性评价与终结性评价相结合，使评价的结果更加客观、公正。如通过观察、谈话、提问、作品等多种方式及时动态地了解幼儿；充分发挥成长记录袋的作用，通过实物、图片、照片、录音、录像、文字等多种形式收集幼儿发展的过程性作品与资料，以便考察幼儿学习与发展的轨迹。改变过去过分关注结果的观念与做法，重视幼儿学习与发展的过程。

(7)利用各种机会争取家长和社会各界人士参与幼儿园评价工作，提出建设性意见。如在幼儿评价的实践中，利用家园联系手册，根据幼儿这一周的表现或某个方面的表现，教师写一段评语，请家长也写一段评语。这样，不仅有助于幼儿更全面地认识自我，而且能够从不同的角度为教师和家长提供有关幼儿学习、发展状况的信息，帮助家长明确幼儿评价的标准、内容与要求，家园形成合力，更有针对性地对孩子进行教育。

第二章　实践篇

2015年至今，在课题研究和园本课程的构架和实践中，随着“基于幼儿园绘本教学的实践研究”和“生成性绘本主题探究课程开发与实施的研究”两个课题的先后持续研究，武汉经济技术开发区军山蒲潭幼儿园和军山龙湖幼儿园的教师先后进行了绘本教学的实践研究和生成性绘本主题活动的研究与创新。我们两所幼儿园的教师吸收国内外教育家的先进教育思想和理念，吸纳和融合意大利瑞吉欧项目教学、陈鹤琴五指课程、我国的主题活动课程等课程模式的优点，研究以绘本为素材促进幼儿全面发展的活动形态及指导策略，研究生成性绘本主题探究课程的开发与实践。课程实施中教师和幼儿共同研读绘本，教师追随幼儿阅读的兴趣，挖掘、运用、整合绘本中独特、多重的教育元素，与幼儿一起预设和生成一系列教育活动，并有效利用家庭、社区有效资源，引出幼儿的经验，并将此保持、迁移、拓展到五大领域中，实施于幼儿园的生活活动、户外活动、学习活动和游戏活动中，从而更好地促进幼儿的全面和谐发展。

活动一："小鸡球球和向日葵"(3—4岁)

一、活动缘由

(一)班级情况分析

我班幼儿年龄在三岁半左右，对周围世界充满浓厚的兴趣，对新鲜事物具有强烈的好奇心，喜欢向成人提出各种各样的问题。但是他们年纪小，认知能力和水平有限，对于季节更替和生命循环还不能够很好地理解。他们看见生病的同伴、摔跤的弟弟妹妹，会表示同情；在老师启发下，会作出安慰、关心、帮助等关切他人的行为；与同伴共同玩的意识加强，逐步学会和同伴分享玩具。但是他们在平时的同伴交往中表现出较强的自我意识，行为受情绪支配作用大，情绪仍然很不稳定，容易冲动，常会为了一件小事大哭大闹。

(二)绘本价值分析

(1)绘画风格。《小鸡球球和向日葵》整体画风清新自然，以黄绿色为主色调。首先，画面鲜艳，黄色的向日葵让人眼前一亮，圆圈里是一只可爱的毛绒绒的黄色小鸡，小鸡的形象生动有趣，容易吸引孩子们的注意力。画面里出现的各种各样的昆虫和植物不仅给人身处大自然的感觉，更能勾起孩子们探索的欲望。

(2)语言特点。故事内容简单清晰，运用排比句段语言组合依次呈现。作者通过生动有趣的故事内容、画面和文字的搭配，可以让孩子们随着故事画面、种子的变化和小鸡球球的新发现，在阅读中，随着一页一页新的画面内容，猜测着故事情节的进一步发展。

(3)图文关系。每幅画面都很简单明了，很适合小班的孩子阅读。通过一个温暖的故事，不断激发幼儿的探索欲望和阅读兴趣。幼儿拿到绘本的时候，可以不断猜想，期待着故事一步步地发展。

(4)绘本内容。小鸡球球是一只可爱的小鸡，她在山丘上发现了一颗看起来很好吃的种子，可种子请她不要急着吃掉它，因为它会长大。种子长出了很多叶子，看起来很好吃，可叶子请小鸡球球耐心等待，等叶子长多了再吃。最后，在小鸡球球的照料下，种子成长为一棵高大的向日葵，小鸡球球和向日葵成了好朋友。可是夏去秋来，向日葵枯萎了，留下很多向日葵籽离开了小鸡，小鸡很伤心。在经历了一个漫长的冬天后……就在小鸡球球和向日葵一起玩过的小山坡上，开满了向日葵。

(5)可探究方向。《小鸡球球和向日葵》这本绘本里涉及小鸡和向日葵等动植物，在观看绘本和拓展探究中，可以让幼儿认识常见的小动物和植物，注意发现周围的动植物是多种多样的。这本绘本将大道理寄托在温暖明亮的图画和文字中，让幼儿能够直观形象地感受到生命、友情与爱。同时，小班幼儿在平时与同伴交往中表现出较强的自我意识。通过这本绘本，能够让幼儿感受到友情的珍贵，初步建立起幼儿对同伴友爱、互相帮助的情感，学会正确地处理同伴间的交往问题。

二、活动目标

在师生共同进行生成性绘本主题探究活动“小鸡球球和向日葵”时，预期使幼儿达到以下目标：

(1)愿意与同伴友好相处，喜欢并适应群体生活，心情愉快。

(2)会看画面，能根据画面说出图中有什么，发生了什么事。

(3)乐于参与游戏，在游戏中体验快乐，并学会保护自己。

(4)认识常见的动植物，注意并发现周围的动植物是多种多样的。

(5)丰富常见花草的简单知识，养成爱护花草的良好行为习惯，知道花草是我们的好朋友。

(6)能大胆尝试用不同的方法作画并向同伴展示。

三、活动资源

(一)绘本资源

(1)封面。封面是一朵向日葵，花蕊部分仿佛一个镜头，捕捉到一小片草地上有一只小鸡、一个嫩芽。围成一圈的花瓣上有一只瓢虫和一只蝴蝶，瓢虫与蝴蝶分踞同一侧的两端，头却指向同一个焦点——花蕊中的小鸡和嫩芽。可引起孩子的无限猜想。

(2)前环衬。展示了春天里的一些花草、动物。暗示着故事发生在春天。教师也可以顺便普及一下有关季节、花草、动物等方面的自然常识。

(3)后环衬。后环衬里是夏天和秋天的植物。教师也可以顺便普及一下有关植物的自然常识。

(4)语言。语言文字叙述上，重复的对话形成了节奏，适合幼儿进行句子创编。

(5)图画。叶子的变化、动物的变化、颜色的变化说明时间在推移，天气在变化，季节在更替。

(6)封底。合上书，看着封底"点题"的画面，可引起幼儿回味与遐想。

(7)绘本内容。演绎一个季节更替、生命永不停息的生命教育和友情的主题。

(二)园所资源

(1)人员资源。幼儿园各类人员的工作，可让幼儿了解成人的分工及其在孩子成长、生活、学习中起到的作用。

(2)自然环境资源。幼儿园绿化面积大，建有果园、菜园、花园。因此，教师可随着四季更替，带领幼儿挖掘自然而富有本土气息的材料，既让幼儿回归自然、获得丰富的感性知识，又为幼儿提供自主学习、自由创造想象的空间。

(3)功能室资源。幼儿园设有三大功能室：科技室、美工室、图书室。开放式的活动有助于幼儿天性的开发，培养孩子的思维能力和操作能力。

(三)家庭资源

(1)家庭文化氛围资源：①子曦小朋友的妈妈和部分家长有一些教育方法且愿意积极配合教师。教师在与家长的交谈中发现，家长中有许多好的教育方法与经验，他们的教育观点和做法正好与园所的教育理念相吻合。这些好的教育方法与经验对其他家长也会起到启发与借鉴的作用，值得推广。我们可多想办法，为家长提供相互交流、借鉴的机会。在家长会上，我们可以邀请子曦小朋友的妈妈给各位家长谈谈怎样配合老师参与主题活动。②子曦小朋友的妈妈的讲话可以引起许多家长的共鸣。许多家长可以在她的带领下，参与到我们的主题活动中。③可以请家长一起收集绘本主题学习资料。有的家长甚至带来了有关主题的碟片，为我们的教学服务。所以本次活动也可以充分调动家长收集资料的积极性。④我们还引导家长多方面支持幼儿园开展的主题活动，奉献出自己及家庭中的各种资源。在认识种子这个活动过程中，我们发动小朋友回家收集各类种子，对于主动带来花盆、铲子、营养土等的小朋友和家长及时给予表扬。

(2)家长职业资源：①我们要发挥家长职业资源为幼儿教育服务，增强家长参与活动的主动性。②我班有一位小朋友的妈妈是园艺师，在“美丽的向日葵”活动中，她为小朋友讲解了向日葵的种植方法。

(四)社会资源

(1)地理环境。幼儿园位于武汉市经济技术开发区军山街，周边有许多旅游景点，例如龙灵山公园、鸟语林等。气候四季分明，教师可随着季节更替，适时带领幼儿到周边走一走、看一看。

(2)人口环境。由于我社区的人口构成是50至60岁的退休人员居多，教师可组织幼儿进行送爱心、送温暖等活动，引导和启发幼儿关爱帮助老人的情感。

(3)文化环境。我社区文化活动丰富。例如：当社区里居民组织插花、舞龙灯等活动时，教师也可带领幼儿观赏或参与比赛。

四、活动预设思维图

绘本主题活动“小鸡球球和向日葵”预计两周完成，子主题分别是“花园里的秘密”与“我和植物做朋友”。

五、环境创设

(一)主题环境

春天来了，鲜花朵朵开，蝴蝶翩翩飞，燕子唧唧叫。以嫩绿的色调为主，中间夹些黄色，表现出春意盎然、春光明媚的景象。主题环境主要是：

(1)"美丽的花园"。前期让家长和教师带领孩子们去大自然真实感受春天里的美景。然后教师准备颜料、纸杯、滴管、美术画纸若干，幼儿用嘴吹画出春天的花朵、小草、蝴蝶等景物，最后展示幼儿的作品，用幼儿的作品装饰主题墙。

(2)"种子长大了"。在植物角，幼儿非常细致地照顾这些种子，每天都会去给植物浇水、施肥、松土、除草。在种植观察的同时，幼儿们也探索出了植物生长的过程和一些小秘密，教师将种子的生长过程以图片的形式展示出来，让每一位幼儿都能清晰地了解种子的生长过程。

(3)“美丽的向日葵”。前期幼儿基本学会了画太阳，并在观察向日葵的基础上，学会在圆形基础上画格子线，添加花瓣、叶子、花枝等。在第二次“向日葵”创作中，幼儿提出了用他们最喜欢的材料——轻泥来制作。幼儿对揉、搓、压的技巧已经掌握得比较熟练了，制作出了轻泥向日葵等作品。教师将幼儿的作品展示在主题墙上，幼儿相互欣赏和相互评价。

(二)区域环境

1. 阅读区

材料投放：春季的图片和照片；绘本《小鸡球球和向日葵》《小蝌蚪找妈妈》和《春天的秘密》；动物手偶，指偶，头饰。

投放意图：

(1)提供关于春天的书籍，以及一些春季的图片和一些美丽的花园、春天的小河、春游照片。让幼儿按照自己的意愿和能力，在操作中自主学习，培养幼儿良好的阅读习惯。

(2)我们还可以让幼儿从家里带来一些自己喜欢的图书和小朋友们分享，让幼儿相互讲述自己熟悉的故事，主动发展语言能力。

(3)投放有关绘本《小鸡球球和向日葵》《小蝌蚪找妈妈》和《春天的秘密》，以及供幼儿表演的道具，如手偶、指偶、头饰等。在他们讲故事的时候，他们可以戴上自己喜欢的道具一边讲故事一边表演，或者可以选择自己喜欢的角色进行自编自导的表演。

2. 植物角

材料投放：各种各样的种子，铁罐头盒、小碗、小盘、塑料点心盒等。

投放意图：

组织幼儿家长分工合作，有部分幼儿带上植物种子，有部分幼儿带上废旧的铁罐头盒、小碗、小盘、塑料点心盒等作为花盆，有部分幼儿带上营养土和小铲子，还有幼儿与家长共同查阅种子种植的方法。教师与幼儿共同种植植物，且每天提醒和鼓励幼儿观察种子生长的过程及其变化。

3. 科学区

材料投放：记录表、笔、蝌蚪、各种各样的种子。

投放意图：

(1)让幼儿将平日里对周围春天的事物探究的问题用图画、符号收集表征出来，张贴在科学区中，引导幼儿多方搜集资料解答。

(2)摆放植物种子标本。将幼儿前期收集的各类植物种子放入透明的玻璃小瓶，贴上标签，摆放在窗台上。让幼儿认识并知道它们的名称和用途。

(3)将科学区与植物角相结合，让幼儿将植物的种子种在土里，观察其发芽过程，了解种子发芽的条件；饲养蝌蚪，观察蝌蚪的生长变化，并学习做简单的记录。

(4)将幼儿收集的各类种子分装在透明的密封袋里，并在袋子上做上小"机关"，袋子后面贴上相应的植物图片，让幼儿观察并了解常见的植物种子，最后以表格的形式让幼儿玩"植物种子对对碰"的游戏，让幼儿在动手操作中更深入地了解每一种植物的种子的大小、颜色、形状是不一样的。

(5)家长和幼儿把从电视、报纸、手机等途径搜集的有关天气变化与动物行为的信息进行整理，教师再在纸上画出关系图。这样不仅让幼儿对探索天气奥秘感兴趣，还让幼儿能根据动物的特殊表现来推断和预报天气状况。

4. 美工区

材料投放：花草树木照片、剪纸；种子、树枝、树叶、花瓣、泥土、石头等自然材料。

投放意图：

(1)投放花草树木照片、剪纸。让幼儿动手画、撕、贴一些关于春天的小蝌蚪、小花、小草、柳树等，促进他们首脑协调、小肌肉群的发展。

(2)投放种子、树枝、树叶、花瓣、泥土、石头等自然材料。带领幼儿户外散步时，可以引导幼儿观察大自然的一花一草，鼓励幼儿收集凋落的种子、树枝、花瓣并且想象和创作艺术作品。

(3)植物种子粘贴画。如贴出不同的几何图形，让幼儿既认识植物种子，又认识图形和颜色。还可用不同颜色的植物种子粘贴成一幅优美的画面。

5. 建构区

材料投放：雪花片、积塑、积木、纸盒、易拉罐、小棒、瓶盖、实景照片。

投放意图：

(1)围绕“春天的花”和“春天的景观”等展开，用雪花片、积塑拼插种类不同、形态各异、色泽鲜艳的“花”。

(2)用积木、纸盒、易拉罐、小棒、瓶盖等丰富多彩的辅助材料搭建春游的景观，如龙灵山公园、鸟语林等建筑景观，让幼儿将所获得的对春天周围事物的经验用搭建的形式表现出来。

(3)要充分利用背景墙，提供教师搭建的范例、幼儿自己搭建作品的照片以及搜集的实景照片、图片，让幼儿模仿、欣赏，并丰富幼儿的感性经验，更好地激励幼儿树立信心进行搭建，更便于交流和分享。

六、活动轨迹

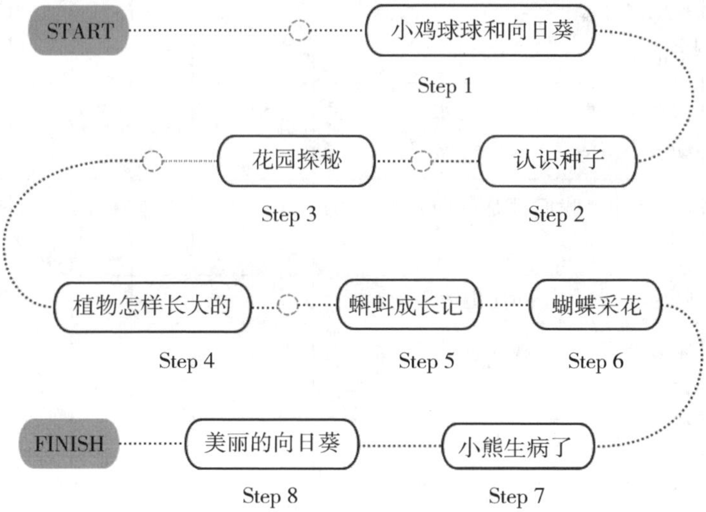

“小鸡球球和向日葵”课程实施轨迹

序号	活动内容	学习活动	户外活动	游戏活动	生活活动	亲子活动	社会实践
1	看绘本《小鸡球球和向日葵》(阅读区，多次个别学习)	√					
2	精读绘本《小鸡球球和向日葵》	√					
3	生活活动“花园探秘”				√		
4	实践活动“寻找春天的足迹”					√	√
5	学习活动“认识昆虫”	√	√				
6	再看绘本《小鸡球球和向日葵》(阅读区，多次个别学习)			√	√		
7	艺术活动“种子粘贴画”	√					
8	美术制作“种子粘贴画”(美工区，多次幼儿自由手工制作)			√			
9	健康活动“不要招惹小蜜蜂”(学习活动、小组活动和集体活动)	√					√
10	科学活动“找种子”(学习活动、亲子活动)	√				√	
11	植物角“我给花儿浇浇水”(游戏活动、小组活动)			√			
12	集体讨论“我们都是好朋友”(生活活动)				√		
13	师生共同布置环境(生活活动)				√		
14	家园共育：“寻找小昆虫”(照片留存)					√	√
15	回家查阅资料“昆虫的特点”					√	
16	分享活动“毛毛虫变蝴蝶”(学习活动、小组活动和集体活动)	√	√		√		

续表

序号	活动内容	学习活动	户外活动	游戏活动	生活活动	亲子活动	社会实践
17	游戏活动"小熊生病了"(表演区游戏活动)			√			
18	讨论活动"我不泼水"(生活活动、集体活动)	√			√		
19	"小种子长大了"(学习活动、小组活动和集体活动)	√	√				
20	操作活动"爱护花草"(学习活动、小组活动和集体活动)	√	√	√			
21	表演游戏"小鸡球球和向日葵"(表演区，小组活动)			√	√		
22	游戏活动"荷花几月开"(户外活动)		√	√			
23	师生共同布置环境(生活活动)				√		
24	查阅资料"植物是怎样长大的"(家庭、亲子活动)					√	
25	歌唱活动"春天"(学习活动、小组活动和集体活动)	√			√		
26	建构游戏"漂亮的花朵"(游戏活动)			√			
27	参观活动"走进花园"(社会实践活动)						√
28	"美丽的向日葵"(学习活动、小组活动和集体活动)	√	√				
29	种植活动"小种子长大了"(户外活动)		√				√

续表

序号	活动内容	学习活动	户外活动	游戏活动	生活活动	亲子活动	社会实践
30	画展“美丽的花园”（社区活动）		√		√		√
31	师生共同布置环境（生活活动）				√		√
32	户外活动“蝴蝶采花”（学习活动）	√	√	√			
33	“图书漂流”（区域活动）		√				√
34	绘本皮影戏“小鸡球球和向日葵”	√			√	√	
35	社会实践“倾情夏日 满园芬芳”						√

七、活动实录（叙事故事）

“大家好，我是可爱的小鸡球球。我们幼儿园小一班的小朋友们最喜欢我了！因为上一次我给他们变了好玩的魔术。这一次在图

书室里，小朋友一眼就在书架上瞧见了我！"

★活动一：认识种子

春天里，暖洋洋的日子舒服极了。这一次，我决定带着小朋友到我的后花园去散步。哇，到处都开满了花。叽叽叽，啪嗒啪嗒，来到了小山坡上，我看见了一粒种子。宸宇小朋友也新奇地凑过来说："这个种子上有花纹耶！"于是小朋友都来观察这颗"花纹种子"，"那是不是所有的种子都有花纹呢？"老师提出了问题，带着这个问题，小朋友们和爸爸妈妈一起查阅资料，并收集了各种各样的种子一起来观察。噢，原来不是所有的种子都有花纹，不同的植物种子的大小、颜色、样子都会不同。老师告诉我们，所有的植物(水果和蔬菜)都是有种子的。通过学习，小朋友们认识了常见蔬菜和水果的种子，我还跟着小朋友们玩了有趣的"植物种子对对碰"的游戏呢！

★活动二：精读绘本《小鸡球球和向日葵》

一天，小鸡球球像往常一样，来到小山坡上。咦？向日葵的样子有点怪。花瓣蔫了，没有一点精神。

"叽叽叽，你怎么了，生病了吗？"

向日葵没有回答小鸡球球的问题，但是遇到问题的小鸡球球会怎么做呢？

"想一想，如果你病了，爸爸妈妈会怎么做呢？"老师说。

"我打针的时候，我爸爸会说男子汉不要怕，勇敢点。"

“我生病了，我妈妈会倒很多水给我喝。”

“我发烧的时候，妈妈会给我额头上敷毛巾。”

“那如果你是小鸡球球，你又会怎么做呢？”老师又问。

欣欣说：“我也会喂水给向日葵喝啊！”

洋洋说：“我会摸摸它，抱抱它。”

孩子的感觉是敏锐的，行动也是直接的。用爸爸妈妈平时照顾他们的方法去照顾向日葵，跑来安慰它，给它端茶递水。所以小鸡行动起来了。

★活动三：小种子长大了

“所有的种子都能长大吗？”小菲问老师。“嗯……老师也不知道，要不我们就试试吧！”说干就干，爸爸妈妈爷爷奶奶齐上阵，有的带来了各种各样的花盆，有的带来了营养土，还有的上网查阅种子种植的方法。在老师的帮助下，小朋友们将土壤整平，撒播种子、覆上土、浇上水等，小种子终于“安顿”好了！萱萱小朋友问道：“老师，种子什么时候才能发芽啊？”哈哈，原来小朋友也和我一样都非常期待种子的长大。从这天开始，班级的植物角每天热闹极了。早上入园，杨心悦急忙拉着奶奶来到了植物角：“奶奶，你看，这是我们种的种子。”

区域游戏开始了，月晨最先拿了植物角区角牌，来到植物角给小种子浇水。离园时，小朋友们也不忘去植物角瞧瞧！通过小朋友们的悉心照料，没过几天时间，小种子就已经发芽，长出了嫩嫩的绿叶。小一班所有的孩子都兴奋极了，昭恩小朋友问老师："什么时候这些小苗能长得像我一样高？"老师说："那就需要我们更好地照顾它们且耐心等待了。"

★活动四：美丽的向日葵

"老师，我好想快点看到向日葵呀！"

"小朋友，向日葵现在才长出了四片叶子。咦，要不然我们一起来制作一个向日葵吧，你们觉得怎么样？"

“太好啦，太好啦！”

“那怎样制作向日葵呢？”

“老师，您带我们观察了向日葵的。向日葵的形状是圆圆的，有很多片花瓣。”

“我们试试吧！就用我们最喜欢的轻泥来做吧，小手搓一搓，捏一捏。”

“哇！原来我们的小手这么能干！”

通过老师的讲解，孩子们真的做出了许多漂亮的向日葵呢！

★活动五：寻找春天的足迹

“哇，开出一朵很大很大的向日葵花！葵花笑眯眯的！”——《小鸡球球和向日葵》

这本书教给了我们好多知识：昆虫的名字呀，花的种类呀，天气呀，什么时候会下雨呀……老师决定把这些知识告诉小朋友，小朋友肯定和我一样特别爱听。果然，老师带领小朋友们看绘本《小鸡球球和向日葵》，小朋友们好开心！老师讲《小鸡球球和向日葵》的故事时，小朋友们都听得入迷了。周末，我们已经迫不及待地拉着爸爸妈妈的手外出踏青，去寻找植物和小昆虫的足迹了。瞧，在这个季节，和花海来一张合影，才不会辜负春天的美意！

★活动六：蝌蚪成长记

星期一，小朋友们纷纷带回了他们的发现。小菲说："我发现树木长出了新叶子。"萱萱说："我发现小草从泥土里钻了出来。"说到植物朋友的变化，孩子们就非常兴奋，纷纷说着自己发现的春天的"秘密"，墨墨则给小朋友带来了更大的惊喜——从池塘里捉来小蝌蚪，"老师，蝌蚪的尾巴动来动去"。

"蝌蚪黑黑的，圆圆的身体。"

"蝌蚪吃什么啊？"

"它的嘴巴在哪里？"

"嘴巴太黑了，看不到。"

哈哈，大家兴致盎然地一直围着这个圆脑袋、黑身子、细尾巴的新朋友转。

午睡前，老师还给小朋友们讲了《小蝌蚪找妈妈》的故事，为了更直观地看到小蝌蚪变化的过程，我们一起去了科技室，发现了蝌蚪演变过程的标本，可神奇啦！

★活动七：美丽的花园

“一天，我像往常一样来到小山坡上，咦？向日葵的样子有点怪，花瓣焉了，没有一点精神，我觉得它应该是生病了。于是，我和妈妈从很远的池塘抬着一桶水给向日葵浇灌。可是向日葵杆弯了，叶子黄了，干枯了，最后还是倒下了。我们坐在山坡上伤心极了，眼眶里的泪水忍不住往外淌……”

今天，老师带来了一些奇怪的东西，如颜料、白纸，还有吸管。小朋友们一个个拿着吸管蘸上颜料朝着自己的画纸上不停地吹。咦？他们这是在干吗？不一会儿，小朋友的白色纸上就出现了绿油油的青草、五彩缤纷的花朵，还有飞舞的蝴蝶。哇，是美丽的花园！"小鸡球球，别伤心了，这是我们送给你的礼物。"小菲拿着她的作品说道。

★活动八：向日葵生病了

“谢谢小菲，可是我还是想知道，为什么向日葵会枯萎？”

“那我们一起请教一下我们幼儿园最会种植花草的何老师吧。”

于是，何老师带我们一起走进了向日葵的世界，她告诉我们向日葵喜欢温暖的环境，在适宜的温度范围内，温度越高，生长越快；温度越低，生长越迟缓。当温度过高时，要注意通风。向日葵需要充足的光照。只有阳光充足，它才会生长得健壮。如果光照增强，土壤水分蒸发加快，向日葵需要养分才能开花结果，在开花季节，补充水分能保证花朵的质量。当向日葵的枝叶瘦弱、叶片枯黄时，也一定要及时补充肥料。向日葵的花期到了还是会枯萎，但是小朋友们不要难过，因为呀，虽然向日葵的花枯萎了，但是它的种子落在地上，在土地里生根发芽，就又可以长出新的向日葵了。

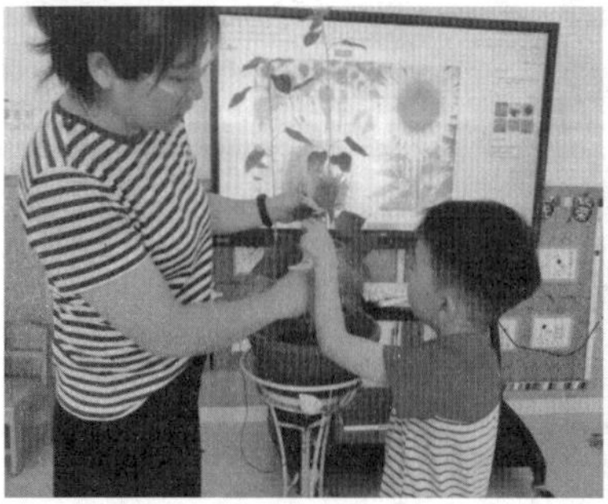

★活动九：图书漂流日

“快来看看啊，我的这本《小蝌蚪找妈妈》可好看了！”

"小妹妹，我可以借你这本书吗？"

"当然可以啊！"

"我要这本，这本，还有这本。"

"小心点，这可是我最喜欢的书！别把它弄坏了。"

"我喜欢看动物的绘本。"

咦？今天小一班的教室里怎么来了这么多大班的哥哥姐姐？好热闹啊！噢，小朋友告诉我，原来今天是龙湖幼儿园一年一度的图书漂流日，他们在交换自己最喜欢的图书呢！各班建立起了图书漂流站，热心的家长将一本本经过精挑细选的图书附上推荐卡送到班级的漂流站。它们像一艘艘小船，开始自己的一段段漂流旅程，飘进教室，飘向家庭……

看着这温馨感人的送书场面，"小鸡球球"也好想参与这段漂流旅程啊！

★活动十：绘本皮影戏《小鸡球球和向日葵》

"哎呀，灯怎么关啦？"

"咦？窗帘也拉上了。"

"黑黑的，要干吗？"

老师是要把故事搬到画布里哦！今天老师邀请了小一班的小朋友和家长来观看绘本皮影戏《小鸡球球和向日葵》。那么，萌萌哒的小鸡球球搭配上皮影到底能碰撞出什么样的火花呢？看，故事开演啦！看！小朋友们被这个新鲜玩意儿给吸引了，都睁大了眼睛，目不转睛地看着舞台幕布……看到小芽长成了向日葵，小朋友们感到很神奇，在椅子上坐不住了，有点小兴奋哦！

“第二年的夏天，地里冒出了好多向日葵，原来向日葵没有死，变成了更多的向日葵！”

故事讲完了，小朋友们早已经迫不及待地想看看画布后面的小鸡球球了。

“老师，快请出小鸡球球吧！”大家都想跃跃欲试，体验一把皮影戏呢！

夏天到来，小鸡球球已经长大。她来到去年和向日葵一起成长的那个小山坡。“向日葵，我和我的宝宝来看你啦！”萱萱那模仿大人的口吻引得全场哈哈大笑。

在绘本皮影戏的表演过程中，现场的父母和孩子们全情投入，享受这种独特形式下绘本阅读的乐趣与魅力，同时也教会孩子一个道理：美好的事物值得耐心等待。

★活动十一：社会实践“倾情夏日 满园芬芳”

夏日麦儿黄，芬芳醉故乡。可还没等到麦儿黄，军山龙湖幼儿园的小菜园和花园里，已经芬芳了整个夏日时光。首先吸引孩子们的就是满园的鲜花，孩子们期待了好久的向日葵终于开花了。

“哇，和小鸡球球的向日葵是一样的！”

“老师，向日葵又会结出种子来吗？”

“向日葵可真像一个小太阳啊！”

孩子们开心地讨论着。接着，孩子们又高兴地讨论着花朵的颜色、形状，好奇地询问：花朵里面有没有蜂蜜呢？几位男生则热烈地讨论着爬在花朵上、花径上的蚂蚁，细心地数着，一只，一只，又一只，爬到哪里了？又跑到哪里了？

追寻着小蚂蚁的足迹，我们又来到了菜园，老师先带我们认识结出的瓜果蔬菜，了解它们的生长过程。"你们看，这些瓜果蔬菜就是你们上次带来的种子种在地里长出来的呢！"哇，可真神奇啊，黄瓜、茄子、豆角……原来它们也和我一样，慢慢地在长大。

在这个炎炎夏日，小鸡球球和向日葵为每位幼儿带来一丝清凉。幼儿在实践中不仅体验到收获的喜悦，还能感受到播种的辛苦。希望给每位孩子的暑假生活留下难忘美好的回忆！

八、活动评价

(一)幼儿评价

我在“小鸡球球和向日葵”绘本主题探究活动中的进步

班级：小一班　　　　　　　　　　　　　　幼儿：辉辉

目标维度	我的进步		我给自己画红花
	目标	家长记录	
情感态度	(1)爱护植物 (2)懂得关心身边的人 (3)对植物角活动感兴趣	• 每次经过幼儿园的葡萄藤架，小宝就会驻足观察：“妈妈，葡萄藤又长高了一点，它什么时候才能长出葡萄啊？”	❀ ❀ ❀
知识经验	(4)知道餐前用正确的顺序洗手，不打湿衣服 (5)知道所有植物都有种子 (6)知道植物的生长需要阳光、水、土壤、空气	• “植物需要什么才能长大啊？”“植物需要水、泥土、阳光、空气，还要给它施肥。”	❀ ❀ ❀

续表

目标维度	我的进步		我给自己画红花
	目标	家长记录	
能力方法	(7)能文明进餐，不挑食、不剩饭 (8)会给小种子浇水、松土 (9)能用吹画的形式创作花园	●亲子绘画时间：“妈妈，把牛奶上的吸管拿下来给我吹画吧。”	❀ ❀ ❀
说明：(1)家长与幼儿交谈，幼儿说说自己的进步 (2)家长在“我的进步”一栏里记录下孩子说的话 (3)幼儿给自己画红花，可画1~3朵红花			

(二)教师评价

本班幼儿在“小鸡球球和向日葵”绘本主题探究活动中的进步

领域	具体指标	教师评价		
		很好	好	加油
健康领域	(1)了解几种常见的有危险的小虫子，知道怎么躲避它们	90%	9%	1%
	(2)乐于参与游戏，在游戏中体验快乐，并学会保护自己	90%	5%	5%
社会领域	(3)养成爱护花草的良好行为习惯，知道花草是我们的好朋友	95%	4%	1%
	(4)当身边的人生病或不开心时能表示同情	85%	10%	5%
语言领域	(5)会看画面，能根据画面说出图中有什么、发生了什么事等	80%	15%	5%
	(6)乐于听故事，并理解绘本的内容，尝试表演	80%	5%	15%

续表

领域	具体指标	教师评价		
		很好	好	加油
科学领域	(7)通过观察比较，认识常见的昆虫，知道昆虫的主要特征	80%	5%	15%
	(8)认识常见的植物，能注意并发现周围的植物是多种多样的	85%	5%	10%
艺术领域	(9)学习用吹画和手指点画的方式作画	90%	5%	5%
	(10)学会在圆形基础上画格子线、花瓣、花茎、花枝	85%	10%	5%

(三)家长评价

本班家长以叙事故事的形式描述了孩子在绘本主题活动“小鸡球球和向日葵”中的进步。现摘录几篇家长写的叙事故事。

亲子故事一：等待与希望

老师推荐了小鸡球球的绘本系列，说班上孩子们很喜欢。我们立刻就上当当网查询，发现该系列有很多本，根据目前女儿的认知水平，挑选了小鸡球球生命友情系列，共两本。

这是一个等待与希望的故事：小鸡球球看见有颗葵花籽，想把它吃掉，葵花籽告诉球球，再等一天就能吃到叶子了。第二天，球球果然看到了叶子，正想吃的时候，叶子又告诉她，再等几天就能吃到更多的叶子了。于是球球为了吃到更多的叶子就等啊等，为了让叶子快快长大，她不遗余力地浇水除草，很快叶子就长高开花了(原来是棵向日葵)。在这个过程中小鸡和向日葵结下了友谊(越付出越得到)，他们日日相伴，感情日渐深厚。但是秋天到了，向日葵枯萎落败，球球无比伤心。此时，向日葵中落下的种子让球球明年夏天再来，明年来了就不会伤心了。终于在球球的等待中，夏天到来，球球已经长大，她带着爱人和自己的宝宝，来到去年和向日葵一起成长的那个小山坡，她看到了整片的向日葵。

当天回家从包里拿出书的时候，女儿笑得像朵花。讲第一遍的时候，女儿就掉眼泪了，可见妈妈我讲得多么传神！讲第二遍的时候她眼泪止都止不住。不知她是否从这本书中体味到了温暖，以及等待、希望、友情、生命、得到、失去……

亲子故事二：善于发现孩子的变化

前段时间接孩子放学，弯弯就很兴奋地跑过来告诉我，老师带她们把从家里带去幼儿园的种子种下了，她还给种子浇水了。看着她开心的样子，我也跟着开心。这段时间不管是送孩子还是接孩子回家，她都要拉着我去看看她种下的小种子，每天观察着种子的变化。我不由得感叹，以前我们出去玩，她很少去关注这些小花小草的生长，只觉得花开了漂亮，却从不关心花儿是怎样长大的，需要什么条件植物才能活下来。现在她一边观察还一边跟我讲解，让我觉得我的宝贝长大了，像个小老师了。与此同时我也在反思，在平时的生活中，我是不是太少去引导孩子观察周围的事物，太少接近大自然了。

九、活动反思

由于前期我们班小朋友阅读过小鸡球球系列的绘本，对小鸡球球这个角色甚是喜爱，所以《小鸡球球和向日葵》这本绘本一下子就被孩子们选中了。《小鸡球球和向日葵》的故事发生在春天，春天是生长的季节，植物都在生长发芽，小朋友在春天里也长得特别快呢！

(一) 注重环境教育资源，感受自然，亲身体验

美丽多姿的大自然孕育着无限的生机，孩子们在大自然之中可以更多地发现自然、了解自然、熟悉自然，最后融入自然，运用自然并为成长服务。幼儿园里各种各样的花开了，五颜六色，冲击着幼儿的视线，于是我们充分利用幼儿园的现有环境资源，带领幼儿在幼儿园里找春天，鼓励幼儿运用自己的感官去看、摸、闻、听等，初步感受、亲近春天和喜爱大自然。同时通过组织幼儿外出活动，真正让幼儿走进大自然，开阔孩子们的眼界。例如：在"美丽的向日葵"活动中，因为只有图片，我决定带幼儿去花园里欣赏向日葵，幼儿显得特别兴奋，看得很认真，因为他们平时每天都经过这些花的旁边，却从来没注意花的美。经过我的引导，好像忽然才发现花是刚开了一样，多美呀！幼儿都陶醉了。看到幼儿的热情，我决定再带幼儿去看看花坛里的树，幼儿发现树顶的树叶比下面的树叶小，颜色也有点不一样，听到这些我觉得应该多带孩子去看看，让幼儿自己去发现、去感受、去体验。这样不仅发展了孩子的语言能力，还提高了孩子的观察力。

（二）创新生命教育，尊重生命，珍惜亲情

在拿到绘本的时候，我们就在思考，如何开展这次关于生命科学的绘本主题活动呢？由于小班幼儿的认知特点是以感知运动和直觉思维为主，所以很难像中小学生那样，通过讲课或讨论的方式来进行生命教育。另外，出于传统观念，家长往往避讳让孩子接触“生死”概念，清明扫墓也常避免让孩子同行。在幼儿园中开展生命教育，能否得到家长的支持？

让孩子知晓死亡的概念是生命教育的重要环节，最终目的是要让孩子热爱生命，培养对生命的责任感。于是我们从幼儿生活的周围环境中取材，以大自然中各种生命的变化过程为切入口，让孩子懂得尊重生命、善待生命和热爱生命。通过养花草、小动物等，让孩子感知生命的成长过程。一旦有动植物死去，有些孩子会悲伤，老师便通过客观解释小动物死去的原因，教会孩子避免养殖中的错误，培养孩子对生命的责任感。但在幼儿生命教育这个领域，目前国内很少有先例可循，也缺少相关的指导意见和实践经验，对生命教育的开展还不够深入，还需要我们很长时间的探索。

（三）随时总结和调整，在反思中成长

整个绘本主题探究活动只有两个星期，幼儿对活动的兴趣和参与度以及对未知事物的探索欲望都很高，对于整个探究活动意犹未尽。所以我感觉绘本主题探究实施的时间还可以拉长，这里面还可以挖掘更多的多元化的教育价值。

在绘本主题活动当中，虽然大部分家长对于老师的一些要求，例如带种子、花盆等都能配合，但是家长并没有主动参与进来的意识，积极性还不高。我们应该在绘本主题活动实施前期与家长沟通。活动前的准备工作十分重要，在与家长交谈时，应该让家长明确我们为什么这么做，请他们配合的目的在哪里，可以让孩子得到哪些方面的发展，得到哪些能力的提高，这样，家长才能更进一步了解我们的主题开展情况，也会更乐意参与和配合。我们还发现，如果发动家长参与和配合我们的活动，幼儿的积极性会更高，从而更能增强幼儿的任务意识，促使他们想办法去收集主题活动的材料，完成老师交给他们的任务。这样就会使活动开展得更为顺利，活动也会更加生动有趣。

活动二："世界真好"(4—5岁)

一、活动缘由

(一)班级情况分析

春天到来，万物复苏，孩子们对大自然的变化产生了极大的兴趣。我班幼儿有了一定的观察、探究事物现象的能力，并对身边的事物表现出极大的好奇心。他们大多活泼好动，能够积极动用感官去探索新鲜事物，同时思维变得具体形象，口语表达能力变得丰富，能根据事物的表面属性概括分类，对事物的理解能力逐渐增强，具有丰富、生动的想象力，还能对身边感兴趣的事物进行表现、表达与创造。根据本班幼儿这一兴趣点，师幼共同选择"世界真好"定为本月绘本主题。

(二)绘本价值分析

(1)绘画风格。《世界真好》这本绘本封面醒目、温馨，充满童趣和新意。故事选图变幻而富有层次，用色彩博得幼儿的喜爱，也使幼儿加强色彩的感知能力。

(2)语言特点。在这本书中，以小老鼠的视角，引导幼儿发现世界、走进世界。语言细腻、优美、富有童趣，而且文字具有跳跃性，符合儿童说话的特点。

(3)图文关系。文字内容和图画相融相生，图文并茂，用儿童感知世界的视角进行表达。

(4)绘本内容。有7只小老鼠躺在温暖的窝里，其中6只小老鼠都沉浸在美梦中，唯独我们故事的主人公——第7只小老鼠看到射进地洞内的太阳光，觉得非常好奇，好奇心驱使它追随太阳光，爬出了洞外，开始了它的探索之旅。它沐浴在温暖的阳光下，遇到了蜜蜂，看到了花朵，认识了太阳，见到了明亮的蓝天，以及绚烂美丽的蝴蝶、天空飞舞的小鸟、正说着悄悄话的小草们、像星星一样散落在草地上的小雏菊，还有蜘蛛网上经过太阳折射闪耀着光芒的露珠。它觉得这一切都是那么的美好！小老鼠感叹道："世界真好。"回家后兴奋地告诉老鼠妈妈。老鼠妈妈告诉它："这个世界属于蜜蜂，属于蝴蝶和花，属于小鸟、蜘蛛，属于唱着歌的小草，也是属于我们的，这是每个生命都可以分享的世界。"

(三)可探究的方向

(1)绘画色彩。《世界真好》绘本色调明快，画面温馨柔和，给人身处大自然的感觉。尤其是主人公——小老鼠的形象被刻画得栩栩如生。以图案及色彩博得幼儿喜爱，可以提高幼儿的审美能力。

(2)动物与植物。《世界真好》绘本中出现了许多动植物，如小老鼠、蜜蜂、蝴蝶、花朵、小草……这些都是幼儿感兴趣的事物，可作为进一步深入探究的方向。

(3)大自然。广义的大自然包括人类社会在内的整个客观物质世界。而根据绘本《世界真好》的内容，我们可以将大自然中的风、土、空气、水，以及宇宙等作为探究方向。亲近自然，尊重生命，更重要的是，明白生命才是自然界中最不可思议的神奇现象。

(4)我和世界。探索是幼儿认识世界的基本方式，人类是通过对未知世界的探索获得进步的。世界是个很大的话题，包含着地球上所有的地方。而《世界真好》这个绘本就是以小老鼠的视角去探索世界的。老师可以借助这一点，引起幼儿探索世界的兴趣。

二、活动目标

在师生共同进行生成性绘本主题探究活动"世界真好"时，预期使幼儿达到以下目标：

(1)愿意与同伴参加大冒险的体育活动，不怕困难、勇于挑战。

(2)能复述小老鼠在探索中都遇见了谁，认识了什么。

(3)保持好奇心，发现身边的美好，感受世界真好。

(4)愿意了解大自然、探索大自然的奥秘。

(5)尝试用绘画的形式表达自己对新鲜事物的认识，积极探索并表达自己的发现。

三、活动资源

(一)绘本资源

《世界真好》这本绘本的作者是英国作家吉莉安·洛贝尔和丹尼尔·霍华斯。吉莉安·洛贝尔是英国儿童文学作家，已经出版的作品有 *Starlight*，*All My Friends*，*For Everyone to Share* 等；丹尼尔·霍华斯是英国儿童文学作家、画家，已经出版的作品有 *For Everyone to Share*，《谢谢你，朋友》等。在《世界真好》这本绘本中，以小老鼠的视角，引导孩子去发现世界、走进世界，同时打开孩子的心窗，以孩子的视角展开探索，拓展孩子思维。本书图画精美、色彩鲜艳，对加强孩子对色彩的感知能力、提高孩子的审美能力有很多促进作用。绘本文字内容充满"冒险"，可以激发孩子们的想象力，"以温柔的好奇对待奇妙的世界"，让孩子在冒险和探索中认识世界、感受美好。

幼儿园有很多绘本图书，老师选取与本月绘本主题相关的《你好！世界》《谢谢你，朋友》《在森林里》《黎明》等放在阅读区。除此之外，在幼儿园举行的图书漂流日活动中，我们也将幼儿带来的不同类型的绘本放在阅读区内，丰富阅读区材料。

教师和家长自发地将与主题"世界真好"相关的绘本带到幼儿园，供孩子们阅读。

(二)园所资源

在这次绘本主题活动开展前和开展中，教师可让幼儿充分感受幼儿园的优美环境。教师可以带领幼儿在星星小农场里，感受植物生长的过程，捕捉昆虫的千姿百态；教师可以带领幼儿在沙池区里，感受水、沙子这些来自大自然的原始材料，领悟大自然的奥秘；在科技室里，教师可以带领幼儿体会世界变化的神奇；教师可以带领幼儿在风雨操场里，感受季节的更替以及天气的变化无常。

（三）家庭资源

在与家长交谈期间，我们了解到很多家里都有小书架，这也会加深孩子对绘本的认识和理解，为我们开展绘本活动打下了一个良好的基础。结合4月23日世界读书日，我们举办了21天“亲子阅读打卡活动”，邀请“故事妈妈”进课堂。活动后，家长为自己的孩子购买绘本《世界真好》及其他图书。同时，我们建议家长要多利用节假日时间带孩子走进大自然，欣赏美丽的风景，开拓视野，增长见识。

（四）社会资源

结合主题我们可以将活动内容与实践相结合。教师带领幼儿参观“垃圾分类体验站”社区实践活动，感受垃圾分类的重要性，教育孩子保护环境人人有责，从小做起、从我做起。教师带领孩子到社区参观消防中队，教育孩子要居安思危，预防火患。我们园所的地理位置有着得天独厚的优势，教师可以带领孩子去鸟语林和有着武汉“绿肺”之称的龙灵山公园，一起去探索世界的神奇与美好。

四、活动预设思维图

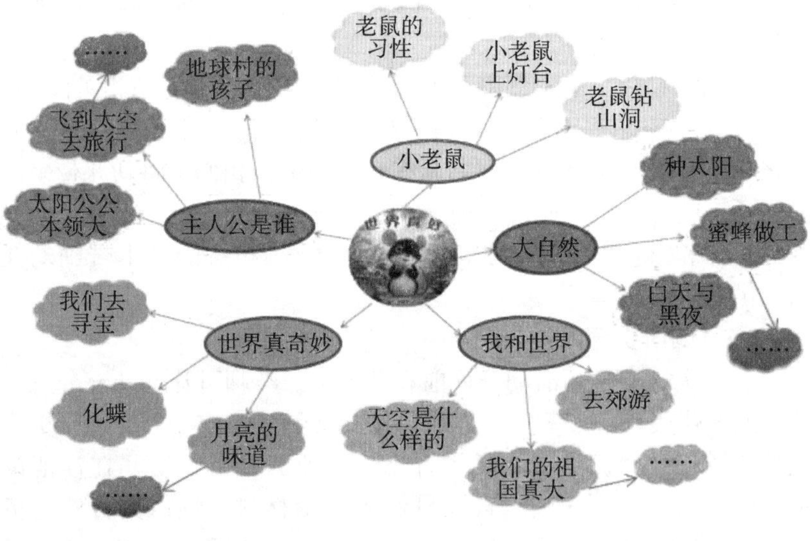

五、环境创设

根据绘本主题"世界真好"，我们创设了相关的主题环境，逐步增加了区域材料。

(一)主题环境

主题环境主要是结合绘本内容和画面色彩进行创作，并与班级大环境"田园风"相呼应。

"我爱我家"栏目里，我们创设了"我家几口人""我设计的房子"等主题，在幼儿讲述家庭成员及设计房子的过程中增进爱家人的情感。

"春天的花朵"栏目里，我们结合春季的特点，将幼儿用轻泥制作的花朵，以及折纸制作的"郁金香"展示在里面，锻炼幼儿手部精细动作的能力并使他们初步掌握色彩搭配的能力。

在"天空是什么样的"和"坐上火箭去旅行"的栏目里，我们利用亲子共同制作的火箭，将自制火箭陈列在玩具柜上。教师为每个幼儿拍手拿气球的照片，并将照片陈列在主题墙面。我们鼓励幼儿绘画热气球，制作拿着气球飞翔的造型，并将幼儿画的热气球与拿着气球飞翔的照片相结合，布置在班级环境中。

住在隔壁的小熊

(二)区域环境

1. 阅读区

材料投放：绘本《世界真好》《小熊和最好的爸爸——看世界》

投放意图：了解丰富多彩的世界。

2. 角色区

材料投放：小动物头饰及手偶。

投放意图：让幼儿运用已有的投放材料扮演绘本角色。

3. 智力区

材料投放：动物金字塔。

投放意图：了解动物的习性。

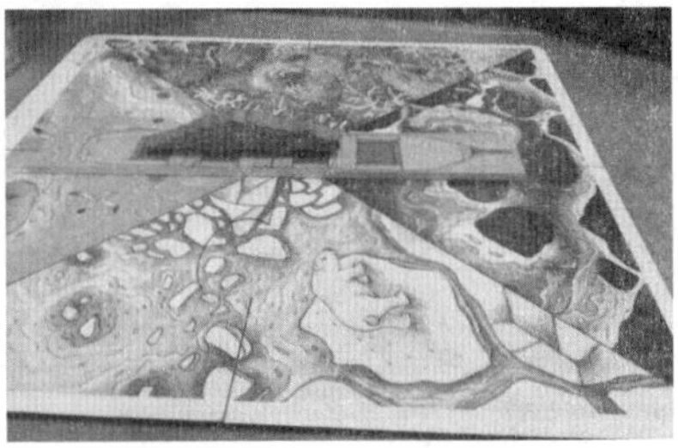

4. 表演区

材料投放：《世界真好》角色服装。

投放意图：穿上角色服装表演绘本剧。

5. 科学区

材料投放：观察昆虫。

投放意图：了解不同昆虫的名称及习性。

6. 美工区

材料投放：自制火箭、绘画材料以及幼儿全家福照片。

投放意图：根据全家福照片在美工区作画——"我的家人"。

中国航天

六、活动轨迹

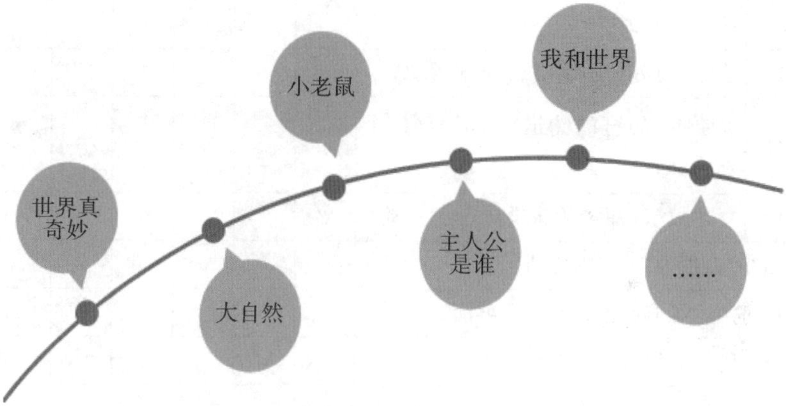

"世界真好"课程实施轨迹

序号	活动内容	学习活动	户外活动	游戏活动	生活活动	亲子活动	社会实践
1	看绘本《世界真好》(阅读区，个别学习)	√		√			
2	亲子阅读《世界真好》(亲子)					√	
3	精读绘本《世界真好》(集体学习)	√					

续表

序号	活动内容	学习活动	户外活动	游戏活动	生活活动	亲子活动	社会实践
4	回家查阅资料“老鼠的习性”（亲子）					√	
5	分享活动“老鼠和仓鼠”（学习活动、小组活动和集体活动）	√					
6	《春天的花朵》（学习活动、集体活动）	√					
7	分享活动“良好的睡姿”（生活活动）				√		
8	美术手工“化蝶”（小组区域活动）			√			
9	音乐活动“小老鼠上灯台”（学习活动、集体学习）	√					
10	绘画《可爱的小老鼠》（亲子活动）					√	
11	看绘本《甜蜜的味道》（阅读区，个别活动）			√			
12	复述故事《甜蜜的味道》（学习活动）	√					
13	“找朋友”（游戏活动）			√			
14	美术绘画《全家福》（学习活动）	√					
15	师生共同体验户外春天环境		√		√		
16	表演游戏“小老鼠上灯台”（表演区，小组活动）			√			
17	回家查阅资料“大自然的声音”（家庭、亲子活动）					√	
18	参加社会实践“垃圾分类”体验站活动						√
19	回家查阅资料“城市里的标志”（家庭、亲子活动）					√	

续表

序号	活动内容	学习活动	户外活动	游戏活动	生活活动	亲子活动	社会实践
20	师生共同布置环境(生活活动)				√		
21	谈话活动"打喷嚏怎么办"(生活活动)				√		
22	游戏活动"我敢冒险"(户外活动、游戏活动)		√	√			
23	儿歌《蜜蜂做工》(学习活动、集体活动)	√					
24	查阅资料"动物的皮毛花纹"(家庭、亲子活动)					√	
25	师生共同布置环境(生活活动)				√		
26	游戏活动"动物园里有什么"(益智游戏)			√			
27	分组排练绘本剧《世界真好》(幼儿自由组合排练)			√			
28	"飞到太空去旅行"(学习活动、集体活动)	√					
29	意愿画《天空是什么样的》(区域活动)			√			
30	社会实践活动"郊游探险"(引导家长带幼儿到郊外探险游戏)					√	√
31	"去郊游"(学习活动、集体活动)	√					
32	"白天和黑夜"(科学小实验、集体学习活动、区域活动)	√		√			
33	"我们去寻宝"(集体户外游戏)		√				

续表

序号	活动内容	学习活动	户外活动	游戏活动	生活活动	亲子活动	社会实践
34	学习歌曲《种太阳》(学习活动)	√					
35	查阅资料“地球村的孩子们”(家庭、亲子活动)					√	
36	“安全我知道”(学习活动)	√					
37	角色表演“乡下老鼠进城”(游戏活动)			√			
38	实践“我想看世界”(家庭、亲子活动)					√	
39	绘画《世界真好》(区域活动)			√			
40	故事会《世界真好》(功能室活动)			√			
41	表演游戏“世界真好”(室内活动、户外活动、亲子活动)		√	√		√	
42	故事大王比赛				√		

七、活动实录(叙事故事)

★活动一：亲子阅读《世界真好》

“嗨，我是可爱的小老鼠，我和我的兄弟姐妹们躺在温暖的窝里，他们都沉浸在美梦中，我醒来看到射进地洞内的太阳光，觉得非常好奇。好奇心驱使我的身体追随太阳光，爬出了洞外，开始了探索之旅。沐浴在温暖的阳光下，随后遇到了蜜蜂，看到了花朵，认识了太阳；见到了明亮的蓝天、绚烂美丽的蝴蝶、天空飞舞的小鸟、正说着悄悄话的小草、像星星一样散落在草地上的小雏菊，还有蜘蛛网上经过太阳折射闪耀着光芒的露珠。这一切都是那么的美丽，世界真好!”洋洋在班级图书角看到了我和我的故事《世界真好》，回家将绘本里看到的这一切兴奋地告诉了妈妈。妈妈告诉他："这个世界属于蜜蜂，属于蝴蝶和花，属于小鸟、蜘蛛，属于唱着歌的小草，也是属于我们的，这是每个生命都可以分享的世界!"

★活动二：师生阅读《世界真好》

带着我探索到的这一切事物，我走进了中四班小朋友的身边。看，他们已经和爸爸妈妈提前阅读起我的故事啦！每个小朋友都很认真呢，相信他们已经对我有一些了解啦！中四班的睿睿小老师都迫不及待地和其他小朋友分享我所探索到的世界了。有蜜蜂、花朵、太阳、明亮的蓝天，以及绚烂美丽的蝴蝶、天空飞舞的小鸟。哇，世界太美好了，小朋友们也被故事吸引了，认真地阅读，和同伴分享看到的一切呢！"你看，小老鼠的兄弟姐妹都睡着了，只有小老鼠醒了。""那它要去干吗呢?""它钻出了山洞，离开了家，会不会遇到危险啊?"桐桐和阳阳认真地阅读，并时不时地交流自己看到的内容。

这天，我们要进行《世界真好》集体绘本阅读。在开展活动前，老师将教室内的窗帘全部拉上。"老师，你拉窗帘干吗呀?""教室里好黑呀。"听到小朋友们连声的疑问，老师笑笑，没有作答，并开始了《世界真好》绘本故事讲述。"小老鼠在暖和又舒服的窝里很快睡着了，他紧紧地挨着妈妈和他的六个兄弟姐妹……"讲到这里时，悦悦的小脑袋不由自主耷拉了下来，轻轻地闭上了眼睛，萱萱则轻轻地靠在了旁边菲菲的肩膀上，好似小老鼠依偎着妈妈一样。

“那是什么？小老鼠好奇极了，顺着一条狭窄的地洞，嗒嗒地往前跑。突然，他停住了脚——眼前真明亮！”教室里的窗帘这时忽然间被拉开，“哇，好明亮呀！”“我看到了太阳光！”小朋友们发出阵阵惊叹声。“小老鼠好奇地踮着脚走到阳光下……”故事还在继续，小朋友们的思绪也跟着我来到了大自然中。

经过小朋友们的自主阅读，和爸爸妈妈共同亲子阅读，还有老师的讲述，现在小朋友们可以自己尝试讲故事啦！

★活动三：分享“老鼠和仓鼠”

读了我的故事，我可是收获了中四班的许多小粉丝呢，小朋友都纷纷对我产生了兴趣。“老师，小老鼠喜欢吃什么呀？”“爸爸妈妈以前给我买过小仓鼠让我喂养，仓鼠和老鼠是一样的吗？”谈到这个话题，小朋友们你一言、我一语开始讨论起来，兴奋极了。带着对我的好奇，小朋友们和爸爸妈妈回家搜集了资料。原来，小老鼠一般是昼伏夜出，喜欢避着人行动，警觉性很高；而且，小老鼠还有许多本领呢，比如钻洞、游泳、倒立……还真是厉害呀。老师还告诉小朋友们小老鼠喜欢吃的东西很多，尤其是谷类食物，瓜子、花生类食物。这不，小瑜第二天就把家里养的小仓鼠带到班上来了，想与同伴们一起观察和分享。来了这位新朋友，小朋友们纷纷围过来，开心地聊了起来……“咦，小仓鼠怎么还在睡觉呀？”“它怎么不出来和我们玩？”“小仓鼠好可爱呀！”看来，大家都很喜欢这位新朋友呢！

★活动四：花朵、树木和蝴蝶

美丽的世界里有什么呢？噢，有鲜艳的花朵，这是小朋友和爸爸妈妈去龙灵山公园、鸟语林郊游时看到的景色，他们拍了好多美美的照片。

仔仔说："上次爸爸妈妈带我去龙灵山公园玩，那里面有好多漂亮的花。"

"我去花博会看到的花才多呢，有薰衣草、郁金香，还有好多我不认识的花。"云云抢着说道。

看到这些美丽的花朵，难怪小朋友们会如此感兴趣呢。"我会折郁金香，妈妈以前教过我，很简单！"涵涵突然告诉老师。"涵涵好能干呀，那你愿意教小朋友折郁金香吗？"老师问道。"好呀，但是需要很多正方形的纸。"涵涵充满期待地说。

要想折一朵美丽的郁金香就得先准备正方形的彩纸，可是班上没有正方形的纸怎么办呢？这可难不倒我们的小朋友，老师示范将长方形的纸裁成正方形，然后小朋友们也跟着模仿练习起来。老师说："找到一个角对折好后将多余的部分用小剪刀剪掉。"小朋友们认真的模样真是可爱极了！这时候，涵涵小老师上场啦，小老师一步一步耐心地教着大家，原来折一朵好看的郁金香只需要三步就可以了，聪明的小朋友们很快就学会了。"老师，你看我折的。""涵涵，我的郁金香折好了，你来看看。"就这样，一朵朵美丽的郁金香呈现在大家面前。

不仅如此，在小朋友的眼中，美好的世界里还有挺拔的大树和美丽的蝴蝶，看，这些都是他们自己创作的作品，是不是挺不错呢？在创作的过程中小朋友们不仅学习了图形的对称、基本的折纸方法，还掌握了水油分离的绘画技巧。

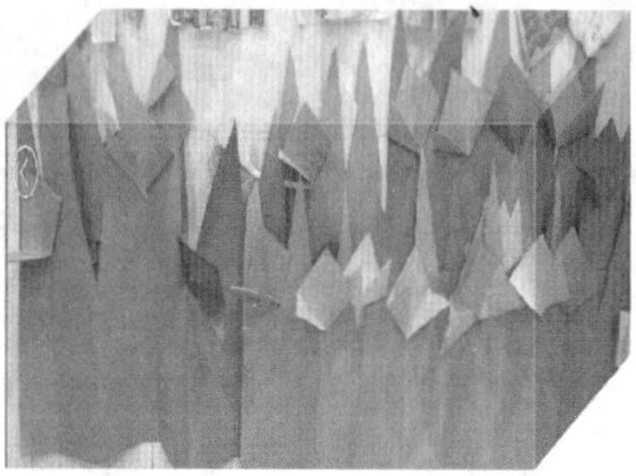

★活动五：我的家人

美好的世界里还有最最亲爱的爸爸妈妈呢。小朋友们拿着自己的全家福大方地向同伴介绍自己的家人。雨橙说：“我家有 4 口人，我，爸爸和妈妈，还有一个小宝贝在妈妈肚子里呢。”

仔仔歪着脑袋说：“我家有爸爸、妈妈、爷爷、奶奶和我，一共 5 口人。”

阳阳迫不及待地举起手，说道：“我家有 3 口人，爸爸、妈妈和我。不过，我想要妈妈给我生个小妹妹陪我一起玩。”

云云拿着自己的全家福大方地介绍说：“这是我小时候爸爸妈妈带我去坐游船时拍的照片，我很喜欢坐船，也喜欢和爸爸妈妈一起旅游。”

当天下午，小朋友们就带着自己的想象画了全家福，完成作品后还迫不及待地和小朋友们分享介绍呢。

★活动六：环保小卫士

世界这么美好，我们要保护这美好的世界，那我们该如何保护呢？这天，垃圾分类站的工作人员来到了幼儿园，他们给小朋友们讲了许多环保小知识，比如：扔掉的垃圾是怎么处理的？不同的垃圾该如何分类……小朋友听了都很感兴趣。接着，我们带着好奇心一起去了"垃圾分类体验馆"参观。垃圾分类体验馆的阿姨通过多媒体，还有实物操作演示，让小朋友们了解了好多环保知识，看到了许多变废为宝的工艺品。小朋友们学到了许多新知识，他们回到家分享给爸爸妈妈们，他们也要争做环保小卫士！

垃圾可不能随便扔在地上哦，不同的垃圾要扔进不同的垃圾桶里，你看，涵涵和妈妈收集了许多废纸盒，准备放进纸类回收箱里。小米在龙灵山公园玩时看到地上有零食包装袋，主动捡起来扔进垃圾桶里。看到了这些，老师都忍不住给小朋友们点赞！

★活动七：保护我自己

要想感受美好的世界，大家还得有个健康的身体。这不，春天到了，又是流行性病毒的高发期。早上点名时，有好几个小朋友都缺勤了。

“小朋友们，今天有几个小朋友生病没上幼儿园，你们知道为什么吗？”

“他们肯定是感冒了，我前几天也感冒了没来上幼儿园。”睿睿说。

“他们可能是发烧了，流汗时随便脱衣服就容易感冒发烧，妈妈告诉我的。”薇薇一副很有经验的样子说道。

“那小朋友们，我们应该怎样预防疾病、保护身体呢？”老师提出问题后，小朋友们立即开展了一番讨论。

“我知道我知道，我们运动前要先隔汗，不能随便脱衣服。”

“还要勤洗手，不能吃不干净的东西，老师之前告诉过我们。”

大家你一言、我一语说着。看来，小朋友们还是知道许多保护自己的小知识呢。这天，老师组织了一场学习活动，带领小朋友们学习如何保护自己的身体，预防病毒入侵。

预防疾病有很多小方法，如多喝水、勤洗手、锻炼身体。但仅仅知道这些还不够，还要学习正确的方法，如学习七步洗手操、正确擦鼻涕的方法以及一些保健小常识。除了这些预防的办法之外，锻炼身体也是很重要的。因为锻炼身体能增强体质，还能预防疾病发生！

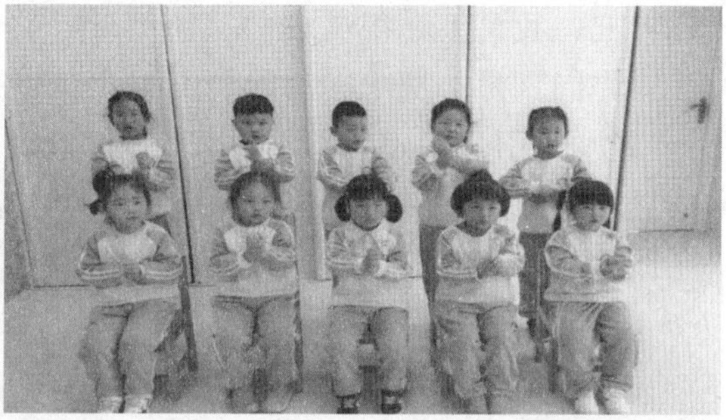

★活动八：冲关大冒险

户外活动可是小朋友们一日生活中最喜欢的环节之一了，天气不好的时候，老师也会组织小朋友们在教室里进行体育游戏。“小朋友们，今天外面下雨了，我们只能在教室里运动了，你们想玩些什么游戏呢？”“老师，我想和桌椅一起玩游戏，像上次体智能哥哥带我们玩的一样。”轩轩抢着回答。这可真是个好主意，其他小朋友也非常乐意。于是，大家忙活起来了，有的小朋友和老师一起搬桌子，有的小朋友去搬板凳，共同搭建游戏关卡。

瞧，小朋友们正在玩大冲关游戏呢。第一关我们设计得比较简单，没有进行垒高，这一点也难不倒小朋友，大家一个个都顺利过关了。

第二关开始了，这下，难度可是大大升级啦。板凳双层架在桌子上。“这好难呀，我有点怕过不去。”桐桐嘀咕道。老师鼓励道：

“小朋友们，现在难度升级了，你们愿意尝试一下吗？”

“我愿意我愿意，我很勇敢的！”大部分小朋友都选择了勇敢冒险。有几个活泼的男生走在了前面，当翻越最高的板凳时，他们小心翼翼地扶着椅背，慢慢地往前走。顺利通关后，他们开心地说：“你看吧，我是不是很勇敢？”

“你们真是小勇士，那你们愿意去帮助一下还不敢玩的小朋友吗？”老师又引导说道。

“愿意愿意……”这下，所有的小朋友都参与了进来。悦悦平时胆子很小，今天通过好朋友晨晨的帮助，也克服了困难，顺利冲关成功。大家都开心得不得了！

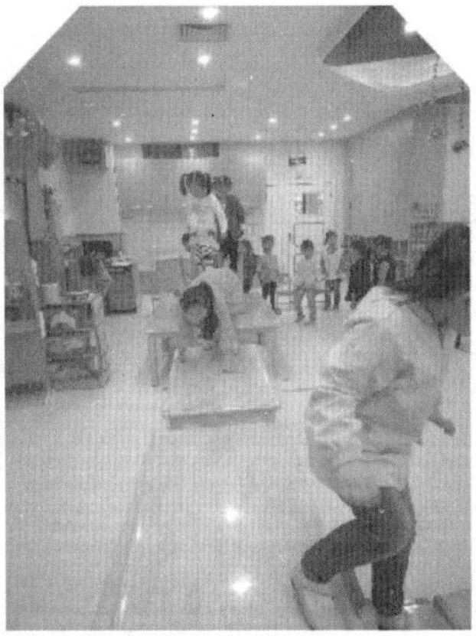

★活动九：飞到太空去旅行

小朋友们天生就有一颗好奇心，对一切事物都充满了好奇：世界是怎样的？太空里有人吗？太空是什么样子的？他们把这些疑问告诉了老师，老师请小朋友们先回家查阅资料，然后在班上和同伴们一起讨论，共同分享。老师还给小朋友们介绍了月亮、火星、宇宙、太阳系以及地球上不同的国家，这些都让小朋友们大开眼界！

小朋友们想去太空探索这些奥秘。老师问他们怎么才能飞到太空呢，睿睿想了想告诉老师："可以坐火箭。"薇薇说："可以坐宇宙飞船。"朵朵说："还可以乘坐热气球。"五颜六色的热气球一下调动起小朋友们的兴趣，这不，一个个小画家们开始了自己的创作。

看，小朋友们画的热气球多好看呀！回家后还和爸爸妈妈共同制作了火箭和飞船等作品。老师把小朋友们的照片连上画好的热气球，大家感觉好似要去太空遨游了！

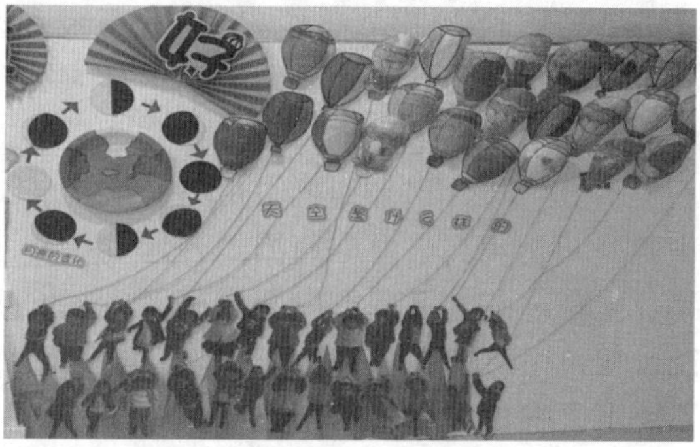

★活动十：我是小导游

美丽的世界有许多新鲜的事物，还有很多我们没去过的地方，在我们的成长过程中，要多多了解这个美丽的世界。

"小朋友们，你们知道'导游'这个职业吗?"

"老师，我知道。"原来是程程举起了小手回答道。"暑假我和爸爸妈妈去乌镇旅游时就有一个导游，她总是给我们讲很多东西。"

当老师给小朋友们介绍了"导游"这个职业后，大家感兴趣极了。

云云说："我知道导游是干什么的了，我也能当小导游。"

小旗、话筒、帽子准备就绪，"我是小导游"的游戏开始啦。

首先，老师引导小朋友们从身边最熟悉的班级开始介绍。这次是自告奋勇的云云来当小导游。"欢迎你们来到中四班，请大家跟着我走。这里是中四班的表演区，里面有很多表演的乐器，还有服装道具；旁边是中四班的角色区，里面有小吃店、医院的玩具……"云云第一次当小导游还真是有模有样的呀!

在班级里当小导游还不过瘾。"老师，我还可以去介绍我们的幼儿园!"这次，小米提出了自己的想法。趁着区域活动时间，我们中四班"旅游团"来到了幼儿园室外。"现在我们来到的地方是军山蒲潭幼儿园，这里是蒲潭幼儿园的星星小农场，里面种着小白菜、大蒜……这里是军山蒲潭幼儿园的公共区角，有小银行、医院、超市……接下来我们去后操场的沙池区，后面的小朋友，你们不要走丢啦!"小米做小导游还真是专业呢。就这样，"我是小导游"的游戏在中四班掀起了一股热潮，每当区域游戏时，在角色区内总能看到"小小旅游团"的身影。

"以后呀，我们大家还会去更多的地方旅游，回来后，一定要把我们看到的、听到的、吃过的、玩过的，一切的一切都和我们的好朋友分享!"

★活动十一：乡下老鼠进城

"老师，小老鼠在外面探索世界会遇到危险吗?"

"有可能哦，所以注意安全，学会保护自己非常重要。"

"小朋友，你们知道在外面出行需要注意哪些安全吗?"

朵朵说："要和大人一起走，不能一个人乱跑。"

"我知道，还要遵守交通规则。"泽泽迫不及待地说道。

说到这里，学习认识交通安全标志可就十分重要了。

"睿睿是我们班上的交通安全标志小达人，认识可多交通安全标志啦！今天我们就请他当小老师，带领小朋友们学习认识交通安全标志吧。"初步认识这些常见的交通安全标志后，老师带领小朋友们开展了一场安全知识抢答赛，将普通的灌输式的学习通过抢答游戏变得有趣起来，调动了小朋友们主动学习的积极性。

过了几天，文文妈妈送文文入园时和老师说："这个周末带他去商场玩的时候，在路上好多的交通标志他都认识，他还指着交通标志告诉我们呢！现在他对这个交通安全标志特别感兴趣。"既然小朋友们对交通安全标志这么有兴趣，那我们就一起来玩一场关于交通安全标志的游戏吧。

看，角色区正开展着"乡下老鼠进城"的游戏，小老鼠要从乡下进到城里可是要通过好几关呢，只有根据交通标志走对所有路线才能进到城里。不过，对于机智的小朋友来说，这可不是什么难

题，顺利通关的小老鼠们还真不少！

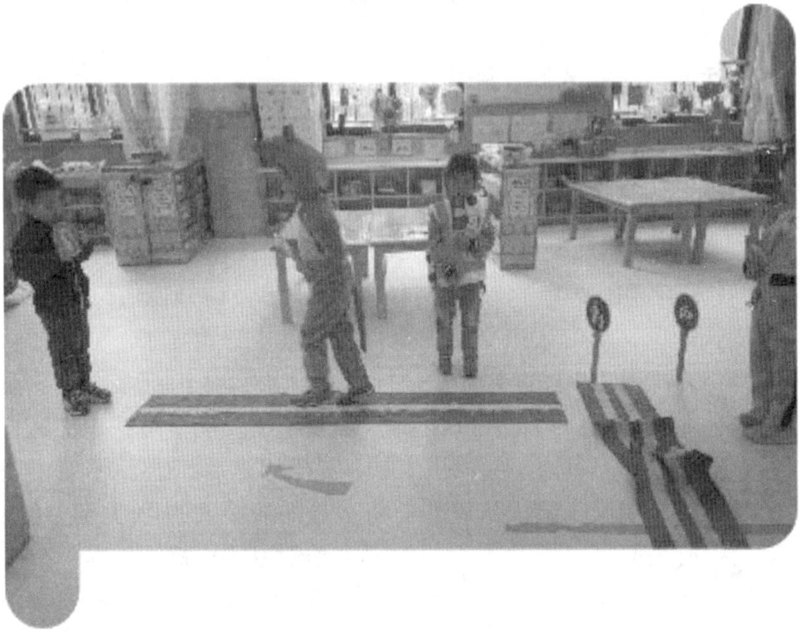

★活动十二：去看美丽的世界

阅读了《世界真好》后，小朋友们都想去更多的地方，去看看这美丽的世界。利用节假日休息时间，许多爸爸妈妈都带着小朋友去了好多有意思的地方游玩呢，比如襄阳影视基地、恐龙园、中山舰博物馆、花博会等。通过游玩，小朋友们不仅增长了知识，而且大开了眼界。节假日过后的第一天来上幼儿园，总能听到小朋友和同伴分享自己去游玩的过程。

又是一个周一，晨间活动结束后就听到云云与好朋友萱萱说："星期六，爸爸妈妈带我和弟弟去花博会和恐龙园玩了的，花博会里有很多漂亮的花，我还和花朵拍了照的。然后我们又去了恐龙园，恐龙园里有好多好多恐龙，有我们在书上看到的霸王龙，爸爸还教我认识了剑龙和鸭嘴龙。""哇，我也好想去恐龙园。"听到你们的交谈，我都能想象出你们游玩时开心的样子。

★活动十三：绘本表演《世界真好》

宝贝们跟随着小老鼠的眼睛，感受着世界的美丽与奇妙。带着这份美妙的感受，我们继续去寻找和感受并记录周围的美丽。绘本每天被翻阅着，一遍又一遍。小朋友们喜欢《世界真好》里面的小动物，特别是故事中的小老鼠。菲菲说：“我喜欢小老鼠是因为它很勇敢，它敢独自去冒险！”“我也喜欢，我也喜欢，我还喜欢蜜蜂和蝴蝶！……”正是因为你们喜欢，我们表演区表演的主题在不经意间变成了“世界真好”。

表演前，小朋友们自发地商量选择角色：“我想扮演小老鼠，我知道怎么钻山洞。”“那我就扮演蝴蝶吧，我觉得蝴蝶很漂亮。”……在商讨中，小朋友们很快就确定了角色，并选取了自己的表演服装。

“请问你是谁呀？你叫什么？”小老鼠大声问道。

“我是蜜蜂，小老鼠！”小蜜蜂扇动着翅膀说着。“不对，蜜蜂你应该飞到花那边去，吸吮花蜜。”天空的扮演者立即指了出来。

“哦，对不起我忘记了，”小蜜蜂摇摇头说着，“下次我会记得的。”

就在这一遍又一遍的商量和讨论中，小演员们的台词记得越来越熟，他们还加入了舞蹈和游戏情节。看，他们正手拉着手，跳着舞呢！

★活动十四：故事大王比赛

经过为期一个月的“世界真好”绘本主题活动的开展，其中包括亲子21天阅读打卡活动，小朋友们对这个绘本故事已经有了很深入的了解。又是一个周二的“趣味绘本”广播站活动，这天，老师请愿意在广播站讲故事的小朋友举手，没想到，这次举手的小朋友特别多。

“云云，你想讲什么故事呀？”

"老师，我想讲《世界真好》。"

哲哲说："老师，我也想去广播站讲《世界真好》。"

"我也会讲，我也会讲。"

看来，小朋友们对我的故事还真是喜欢呢。"老师，要不我们举行一个"故事大王"比赛，谁讲得好谁就去广播站讲这个故事。"薇薇提出了一个好主意。

老师和小朋友都很赞同这个想法，于是，"故事大王"比赛正式开始啦。第一个上场的是薇薇小朋友："小老鼠在暖和又舒服的窝里很快就睡着了，他紧紧地挨着妈妈和他的六个兄弟姐妹……"薇薇边讲边将双手合十，放在了脸颊处，模仿小老鼠睡觉的样子，整个故事讲得声情并茂。

接下来，小米上场了，小米戴上小老鼠的头饰，一只活泼可爱的小老鼠就呈现在了我们眼前。"小老鼠顺着狭窄的地洞爬出了窝，站在那儿望了望……"说着，小米蹲下了身子，学着小老鼠钻地洞的样子向前爬，模样可爱极了。

几位小朋友富有感染力的表演赢得台下小观众的阵阵掌声。最后，我们根据小观众的投票选出了一、二、三等奖的获得者，并颁发了奖状作为鼓励。

八、活动评价

（一）幼儿评价

我在“世界真好”绘本主题探究活动中的进步

班级：中四班　　　　　　　　　　　　　　　　　　幼儿：涵涵

目标维度	我的进步		我给自己画红花
	目标	家长记录	
情感态度	(1) 保持好奇心，感受世界的美好，发现身边的美好	● 涵涵说：“妈妈，我觉得小老鼠看到的世界都很美，我也想多去看看外面的世界。”	❀ ❀ ❀
知识经验	(2) 积极举手发言，勇于表达自己的观点	● 涵涵说她有时候会举手回答问题，有时候是听别人回答。	❀ ❀
能力方法	(3) 能复述小老鼠探索的世界里都遇到了谁，认识了什么	● 涵涵说：“我知道小老鼠探索的世界里都遇到了谁，我还记得它们的出场顺序呢。”	❀ ❀ ❀
说明：(1)家长与幼儿交谈，幼儿说说自己的进步　(2)家长在“我的进步”一栏里记录下孩子说的话　(3)幼儿给自己画红花，可画1~3朵红花			

（二）教师评价

本班幼儿在“世界真好”绘本主题探究活动中的进步

领域	具体指标	教师评价		
		很好	好	加油
健康领域	(1)形成勇于挑战、乐观坚强的品质	94%	3%	3%
	(2)了解危险发生时保护自己的办法	96%	4%	0
	(3)养成早睡早起、爱运动的好习惯	90%	7%	3%

续表

领域	具体指标	教师评价		
		很好	好	加油
社会领域	(4)愿意欣赏大自然的美景	100%	0	0
	(5)认识生活中的常见标志，知道含义	91%	7%	2%
	(6)能够在生活中使用礼貌用语	93%	6%	1%
语言领域	(7)愿意参与活动并表达自己的观点	97%	3%	0
	(8)尝试完整朗诵并想象续编儿歌	88%	10%	2%
	(9)能根据图片大胆联想并描述	90%	5%	5%
科学领域	(10)保持好奇心，乐于与同伴分享知识	90%	8%	2%
	(11)尝试运用多种感官探索大自然	89%	8%	3%
	(12)知道大自然与生活的相关联系	87%	10%	3%
艺术领域	(13)感受和同伴在一起的温馨与快乐	100%	0	0
	(14)尝试用优美的肢体动作表现音乐	92%	4%	4%
	(15)能大胆构图、着色，合理布局画面	90%	6%	4%

(三)家长评价

本班家长以叙事故事的方式描述了孩子在绘本主题活动"世界真好"中的进步。现摘录几篇家长写的叙事故事。

亲子故事一：世界是谁的

最开始读这本绘本时，我家宝宝和小老鼠一样，会对各种事物充满了好奇，随着小老鼠的探索也慢慢更深入地了解大自然，了解了事物的不同。最喜欢问的就是："妈妈，世界是谁的？是我们的吗？"随着对故事的热爱程度，慢慢地变成了："妈妈，世界也是我们的，对不对？世界是各种各样的动物的，对不对？世界也是小花、小草、大树的，对不对？世界是我们所有人和动物的，对吗？"

这本绘本很好，让孩子从小老鼠好奇的目光中了解了自然，了解了世界的一角。21天的阅读坚持，她已经能够完整地讲述整个故事了，但是理解程度还差一点点。我想，我和她都会坚持下去，让孩子完全理解故事所包含的寓意。

亲子故事二：这只小老鼠多可爱呀

雨橙在家说喜欢故事里的小老鼠，我们问她为什么喜欢。她说："这只小老鼠多可爱呀，它有两颗黑葡萄一样的眼睛，身上长着毛茸茸的皮毛，小嘴唇翘翘的。还长着圆圆的耳朵和细细长长的尾巴，我多想摸一摸它。"通过主题的学习，孩子的描述能力有了明显的提高！

九、活动反思

我带领孩子进行绘本主题探究活动"世界真好"已历时一个月，感触多多。

（一）选择绘本时要考虑它的色彩、画面、情节和教育价值

《世界真好》这本绘本是单纯可爱的快乐，轻松也温馨，画面都是暖色调，描述蓝天的那一页也用了白色和淡绿色的晕染，让原本该冷色调的蓝天变得暖暖的、软软的。作者无论从文字还是图画上都把小老鼠可爱的神态、动作刻画得淋漓尽致，用孩子的眼睛告诉了我们另外一个世界。比如：他抽了抽粉色的尖鼻子，拉直身子，伸了个大大的懒腰，连长长的卷尾巴都伸展开了。瞧，一只憨态可掬的小老鼠跃然纸上，孩子们听的时候也不禁笑了。

（二）绘本表演时教师应鼓励支持幼儿自由创编

《世界真好》里面有很多对话适合幼儿表演，还有许多描绘性的形容词，如金黄的、明亮的、软软的，是一本很好的语言领域的素材。随着主题的深入，我更注重孩子的兴趣走向，例如课程实录中的活动十三：绘本表演《世界真好》，孩子们喜欢故事中的角色，并提出表演兴趣。我作为孩子的支持者、合作者与引导者，给孩子们提出了表演的建议，比如：表演前需要做哪些准备、如何分配角色以及熟悉角色间的对话。我没有规定剧本的走向，以及每一个动作、每一句台词。我希望孩子们自己去创造属于自己的表演，虽然创造的过程并不顺利，孩子们之间也发生过争执，但是在大家的商讨和一次又一次的编排中，他们找到了最合适的方法，成功地演绎了绘本内容。并且让我惊喜的是他们在编排过程中还加入了舞蹈和游戏情节，虽然动作并不熟练，但是他们的创造力足以打动我，相信他们和我一样能感觉到成功的喜悦。

(三)渗透绘本的教育价值应于无声处

云云问我："什么是分享的世界?"我也不知道怎么回答才恰当，告诉她所有事物都互相拥有叫分享。然后我问她："你的世界会分享给别人吗?"她说会的，如果没有人来分享，别人就不知道她的快乐，她也没有朋友，会很难过的。我问她："你的世界里都有些什么呀?"她说："有花、草、太阳，亲亲的月亮、鱼，动物园里的猴子、熊猫、蝴蝶……还有朋友、爸爸妈妈、爷爷奶奶、姥姥姥爷，好吃的……"孩子的世界简单又丰富，而且很快乐!

(四)绘本主题探究活动应尽可能地让孩子走进自然

孩子对外面的世界感兴趣，对任何事物都是充满好奇的，所以在开展《世界真好》绘本教学时，我们也多次创造机会，带领孩子走出教室，来到户外，去观察世界。比较遗憾的是在走进自然的过程中没有请孩子们蹲下来，甚至趴在地上倾听大地的声音，或者去探索、寻找自己所未知的事物，进一步亲近自然、感受世界。

世界真好，因为有春天，有鲜花、蜜蜂、蝴蝶，有温暖的阳光，轻柔地照拂着那些稚嫩与童真……

活动三："谁偷了包子"(5—6 岁)

一、活动缘由

(一)社会发展

随着中国的日益强盛，中国文化逐步走向国际，而习得中国元素知识也成为一种趋势。对于幼儿来讲，习得中国元素知识是一件非常有意义的事情。在绘本中习得中国元素知识，生成关于学习中国文化知识的活动，能够让幼儿以自己的方式更直观地感受中华大地所蕴涵的文化魅力，加强幼儿对中国元素的审美体验，加深对中华文化的情感认同，进而增强幼儿的民族自豪感。《谁偷了包子》这本绘本无处不散发着浓浓的中国风情：古色古香的小镇整整齐齐地坐落着别具一格的土楼；集市上一团和气、其乐融融的生活画面；雅致的青花瓷碗碟、高高挂起的红灯笼、偏襟的小褂子；还有那富有特色的蒸笼和茶具……无不透露着中国的文化与历史、民俗与风情。对于孩子们来说，这些都是无法衡量的瑰宝，是他们值得用一生去寻找的宝藏。

（二）班级幼儿情况分析

(1)阅读兴趣浓厚，同时对图书中的局部画面比较注意，会通过局部画面的线索大胆猜测故事的发展。

(2)重视自我价值，在自我价值不被重视时，会萌生申辩的行为。

(3)友情稳定性增强，大多数幼儿在班上有相对稳定的好朋友。

(4)游戏依旧是最爱，但是对游戏难度提出更高的要求，喜欢挑战有难度的游戏。

（三）选择绘本的理由

《幼儿园教育指导纲要(试行)》指出："为幼儿提供丰富、适宜的低幼读物，经常和幼儿一起看图书、讲故事，丰富其语言表达能力，培养阅读兴趣和良好的阅读习惯，进一步拓展学习经验。"引领幼儿学习绘本，观察幼儿的学习活动能力，不断提高幼儿的认知能力就是学习《纲要》精神最好的体验和实践。

(1)绘画风格。这是一本极具中国风的绘本，书中极具特色的中国土楼、大量的青花瓷器皿、实木桌椅、灯笼，以及人物的偏襟服饰等无一不彰显着中国传统文化元素。采用平滑的线条勾画出的人物面部、身体凸显出了书中人物温和、善良、可亲、可近的性格特点，而家具、房舍院落的线条则锐直、刚毅，营造出小镇安定、平稳的生活环境。书中运用远景、近景、特写三种方法表达不同的场景，用远景收录整个小镇的房舍、集市，以此来表现居民之间其乐融融的关系。用近景描述包子铺里的生活，详细记录了丢包子、妞妞破案，到与小黑猫成为朋友的过程。其间穿插运用特写的手法，如放大包子、蒸饺等的比例，利于孩子们去一一点数，确定丢包子的个数，使幼儿潜移默化地对数数、减法产生兴趣。另外，书中以暖色为主，如温暖的原木色、热烈的红色，表现出浓浓的中国风情及温暖、和谐、友爱的故事主旨。在叙事中间运用冷色进行对比，如抓小偷情节中就运用黑色来渲染夜晚抓小偷紧张的氛围，烘托小主人公的勇敢。

(2)语言特点。整本书的语言简洁平实，运用丰富的语言，如动词、形容词及拟声词，生动形象地将故事呈现在幼儿面前。

(3)图文关系。本书中的图文关系属于图文同步的关系，图画和文字同时进行，共同传达了"谁偷了包子"的故事，文字对图画起到了描述、解释和渲染的作用，而图画则使文字内容更为直观和形象。

(4)绘本内容。红红火火的包子铺出了怪事：一会儿丢了包子，一会儿少了饺子，独生女妞妞要来当侦探，她的办法还不少：静守小偷，可是因为睡着没抓到小偷，于是改用垒高、泼油来抓小偷，丁零、当啷、咔嚓，小偷落网了，原来是个可爱的小家伙。妞妞和可爱的小家伙成了"姐弟"，还为它取名"闹闹"，他们一起游戏、一起吃饭、一起睡觉，可有爱了。

(5)可探究方向。绘本主旨明确、内容丰富，但还可以充分挖掘绘本承载的教育内涵。

①中国特色。如集市上的土楼、排队的小镇居民、偏襟的中国服饰、木制桌椅板凳、青花瓷、红灯笼等中国元素勾勒出的妞妞的中国家。

②数学知识。故事情节围绕"包子怎么少了"展开。画面中几次出现包子和饺子数量变少的镜头，让孩子们数一数、算一算饺子少了几个，包子少了几个。在情境中渗透了点数和9以内数的减法，激发幼儿对数学活动的兴趣。

③生活常识：抓小偷的办法。通过妞妞捉小偷时布置的"机

关”——把面粉撒在地上、桌上，把餐具摞起来，把油泼到地上。这些方法既可以引导幼儿探索材料的不同特性，感受物理平衡，还可以引导幼儿体会到妞妞勤于动脑筋、敢于尝试的品质，同时能够激发幼儿的探究欲望，发展幼儿的想象力和创造力。

④审美情感。绘本中偏襟服饰、青花瓷和红灯笼等体现了中国风，能让幼儿体会到中国元素的美感，并进行大胆的表现创造，培养幼儿的审美情感。

⑤物理平衡。绘本中巧妙渗透了物理平衡，妞妞“把包子放在桌上”“用盘、碟、碗垒得层层高”，幼儿可以在探究中感受平衡的奇妙。

⑥社会交往。故事中妞妞能够站在别人的角度看问题，她的同情、移情、陪伴和乐于分享使她得到一个朋友——闹闹。这一情节让幼儿体会到拥有朋友的快乐心情。丢包子时妈妈误会妞妞，妞妞用事实向妈妈证明了自己。教师要善于鼓励幼儿遇到委屈的事要想办法解决，学会用自己的行动和事实证明自己。妞妞做家务这一幕体现了妞妞能够去做自己力所能及的事，同时做家务和使用筷子也是对幼儿生活能力的一种引导和培养。

二、活动目标

在师生共同进行生成性绘本主题探究活动“谁偷了包子”时，预期使幼儿达到以下目标：

(1)知道用餐时不挑食，要均衡营养。

(2)知道身体器官的重要性，懂得保护它们。

(3)喜欢倾听故事，并能根据画面内容创编故事。能根据画面大胆想象、推测并表达自己对故事的理解。

(4)能遵守社会规则，在公共场合知道人多时要排队。

(5)了解10以内分成的意义，并能根据区域内的益智游戏练习10以内的分成。

(6)能根据自己的扎花方式创造新的扎染花纹；能根据音乐节奏创编妞妞和小黑猫的故事。

三、活动资源

（一）绘本资源

阅读区内投放以下绘本：

（1）投放人与动物友好相处类绘本。如《鸽子的天使》《苏和的白马》《老虎来喝下午茶》《让路给小鸭子》《鸟窝》《黑颈鹤的故事》《森林大熊》等。

（2）投放与偷窃话题相关的绘本。如《小偷波波》《偷东西的鳄鱼》《大盗比尔》《为什么不可以偷东西》等。

（3）投放与中国风主题相关的绘本。如《阿诗有块大花布》《十二生肖传说》《团圆》《牙齿，牙齿，扔屋里》《夜游》《纸马》《花娘谷》等。

（4）投放与数学相关的绘本。如《喜欢钟表的国王》《我家漂亮的尺子》《让谁先吃好呢？》《15只老鼠的礼物》等。

（二）园所资源

（1）园所绘本教育理念的提出为课程实施提供了隐形的课程资源。幼儿园以绘本教育教学为园本教学特色，并在此特色教学理念的指导下，不断为教师提供关于绘本教学学习、研讨的机会，为园所教师开展生成性绘本主题探究活动提供隐性的课程资源。

（2）园所多媒体教学手段以及教学材料的提供为课程的实施提供了显性的课程资源。园所属于新建园所，教育教学等硬件设施都占有得天独厚的优势，先进的一体机教学、多款绘本教学APP的有力支持，以及在教学过程中提供的物质材料如扎染颜料、制作包子的材料等都成了本次生成性绘本主题探究活动的显性资源。

（3）绘本功能室的开放、班级阅读区的设定以及大量绘本的提供为课程的实施提供了物质资源。园所南北两区各有绘本馆，馆内藏书近千册，班级设有阅读区，收纳图书近百册，绘本馆与阅读区为幼儿提供了温馨舒适的读书环境和氛围。

（三）家庭资源

（1）家庭阅读氛围。自小班起，教师与家长之间就幼儿阅读习惯及阅读行为进行了良好的沟通，幼儿能在良好的家庭阅读氛围中进行绘本阅读是教师与家长之间的一致目标，而本次生成性绘本主题探究课程中，家长为营造良好的家庭氛围付出了很大的努力。

(2)家庭物质材料。在课程的开发与实施阶段，家长先为幼儿提供了绘本阅读书籍、榨油材料、扑克牌、扎染服饰，以及服饰改装等物质材料，这些都成为本次课程开发与实施的重要家庭资源。

(四)社会资源

小区社会商铺的存在，尤其是包子铺的存在；流浪猫、流浪狗等看护中心的存在以及警察局的存在都为本次课程的开发与实施提供了社会资源。

四、活动预设思维图

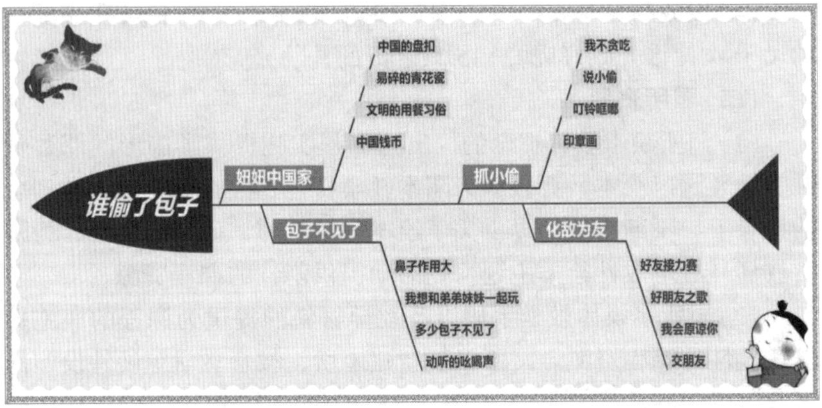

五、环境创设

(一)主题环境

1. 班级中国风的环境创设

开学之初，班级就以中国风为主题创设班级环境，无论是中国风的偏襟服饰，还是中国风的绘画方式，都呈现出满满的中国风环境元素，十分贴近本次绘本主题中的中国风元素。

2. 主题墙

班级主题墙的主题内容是"谁偷了包子"，其子主题内容则由"妞妞中国家""包子不见了""抓小偷"三个板块的画面内容呈现。

第一个子主题"妞妞中国家"的主要目标是通过绘本了解妞妞中国家的中国风元素，给幼儿呈现扎染、喷染以及盘扣等知识。

第二个子主题"包子不见了"主要展现的是幼儿通过数包子进而动手操作10以内的分成。

第三个子主题"抓小偷"则是让幼儿认识、观察不同的油，进而探究油的更多特性，最终利用水油分离的形式展现幼儿水油分离画的作品。

3. 阅读展示栏

在妞妞、小黑猫、妞妞妈妈、金铺老板、绸缎庄老板画像装饰的前提下，阅读展示栏又分为"好书推荐""读书分享""读书心得""自制小书"四个板块。"好书推荐"是从绘本名称、推荐理由、作者简介、推荐指数四个方面呈现的本月绘本推荐《谁偷了包子》。"读书分享"是请家长与幼儿共读并分享好书。"读书心得"则是为幼儿自选可阅读的绘本，家长记录读书过程中幼儿的表现并进行粘贴，方便教师了解幼儿读书状态。孩子们自制的小书陈列在"自制小书"板块中，让幼儿在欣赏同伴制作的小书的时候，也能分享他人的故事，增长知识。

(二)区域环境

1. 阅读区

材料投放：背景环境是图书修补指示牌，材料是《谁偷了包子》《鸽子的天使》《黑颈鹤的故事》《偷东西的鳄鱼》《十二生肖传说》《团圆》《我是彩虹鱼》《喜欢钟表的国王》等绘本，还有修补工具等。

投放意图：(1)培养幼儿喜欢在阅读区内安静阅读。(2)使他们能够大胆讲述自己阅读到的故事。

2. 美工区

材料投放：背景环境是挂饰栏，材料有废旧 T 恤、橡皮筋、扎染模具(玩具、弹珠、冰棒棍等)、滴管、颜料、托盘、围裙。

投放意图：(1)喜欢扎染活动。(2)能够根据自己的想法进行扎染。

3. 建构区

材料投放：背景环境是纸牌垒高作品照片，材料有纸牌、单元积木、画纸、画笔若干。

投放意图：(1)根据自己的想法设计建构图。(2)学习与伙伴合作完成建构任务。

4. 表演区

材料投放：背景环境是走秀PPT，材料有扎染服饰及装饰、走秀音乐等。

投放意图：能够根据音乐大胆完成走秀表演。

5. 角色区

材料投放：背景环境是中国风餐厅，材料有包子、钱币、桌椅、餐具等。

投放意图：(1)乐意在餐厅里进行售卖活动。(2)学习售卖技巧。

6. 科学区

材料投放：背景环境是榨油操作图，材料有花生、芝麻、黄豆、稻米、瓜子、试纸等。

投放意图：乐意探究榨油的方式。

7. 益智区

材料投放：背景环境是纸牌迷宫，材料有纸牌、棋盘。

投放意图：(1)喜欢进行纸牌游戏。(2)能按照纸牌规则进行纸牌游戏，并能合作制定规则创新游戏玩法。

六、活动轨迹

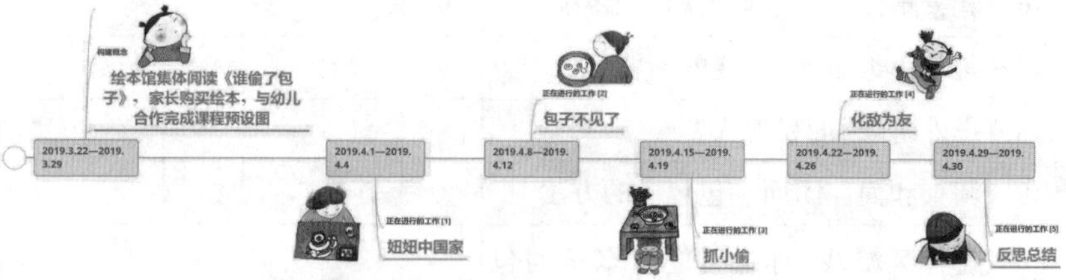

"谁偷了包子"课程实施轨迹

序号	活动内容	学习活动	户外活动	游戏活动	生活活动	亲子活动	社会实践
1	"我发现了一本很有意思的绘本"	√					
2	精读绘本《谁偷了包子》	√					
3	生活区游戏"扣盘扣"			√			
4	美工区游戏活动"美丽的盘扣装饰画"			√			
5	美术集体教学"偏襟服饰"	√					
6	回家自制偏襟小服饰					√	
7	音乐欣赏活动"忆江南"	√					
8	亲子讲述活动"我是家里的小帮手"					√	

续表

序号	活动内容	学习活动	户外活动	游戏活动	生活活动	亲子活动	社会实践
9	美术欣赏“美丽的青花瓷”	√					
10	阅读区阅读关于中国风的绘本			√			
11	社会调查“小区的文明排队现象”						√
12	角色区游戏“文明排队我先行”			√	√		
13	美术集体教学“扎染”	√					
14	美工区游戏“扎染手帕”			√			
15	表演区游戏“T 台秀”			√			
16	健康集体教学“健康饮食知多少”	√					
17	科学小组活动“会变的面粉”	√					
18	户外游戏“面粉泥人”		√				
19	调查和面、团面、包包子的方法					√	√
20	益智区游戏“你最爱吃什么馅的包子”			√			
21	综合活动“做包子”	√					
22	科学探究活动“有趣的蒸汽”	√					
23	户外游戏“吃包子”		√				
24	社会实践“观察包子铺如何经营”						√
25	角色区游戏“蒲潭包子店”			√			
26	益智区游戏“数包子”			√			
27	阅读区阅读数学类绘本			√			
28	科学小组教学“油和水”	√					
29	美术小组活动“水油分离画”	√					
30	社会实践活动“采访警察”						√
31	科学区游戏“油的秘密”			√			

续表

序号	活动内容	学习活动	户外活动	游戏活动	生活活动	亲子活动	社会实践
32	户外游戏"抓尾巴"		√	√			
33	科学区小组游戏"好玩的垒高游戏"			√			
34	社会集体教学"别人的东西我不拿"	√					
35	户外游戏"警察抓小偷"		√	√			
36	调查抓小偷的方法					√	√
37	阅读区阅读偷窃类绘本			√			
38	科学小组教学活动"层层高"	√					
39	建构区游戏"纸牌小镇"			√			
40	语言游戏"小黑猫应不应该被原谅"辩论赛			√			
41	表演游戏"妞妞和小黑猫"			√			
42	回家总结和自己宠物朋友的日常					√	
43	语言集体教学活动"我给宠物朋友取名字"	√					
44	阅读区阅读与动物有关的绘本			√			
45	户外游戏"躲猫猫"		√	√			
46	社会实践活动"参观宠物店"						√
47	集体教学活动"我会交朋友"	√					
48	小组生活活动"我帮朋友梳小辫"	√			√		
49	户外游戏"找朋友"		√	√			
50	表演区游戏"谁偷了包子"	√		√			

七、活动实录(叙事故事)

★活动一："我发现了一本很有意思的绘本"

一次偶然的机会，我读到了一本关于包子的绘本，儿童侦探类的故事，天真童趣。于是，我耍了一个“小心机”：将绘本放在阅读区，孩子们会发现什么呢？

萧萧第一个走进了阅读区，很快，她发现了这本新书，她走到刚进区的琦琦面前，友好地说：“我发现了这本新书，我们一起来看看吧！”

孩子们很快在阅读区的一角坐下来安静地读起了这本书，不时还传来他们小声议论的话语：

“我觉得是小偷偷了她的包子。”

“我觉得他一定抓不到小偷，她一个小孩子怎么能抓住小偷呢？”

“你看，我学她买包子：‘老板，给我来十个包子。’像不像？”……

他们在阅读区里阅读这本绘本的火热度让我将它带到了绘本馆。

“红红火火的包子铺出了怪事：一会儿丢了包子，一会儿少了饺子……”孩子们安静地倾听着，突然，我合上了书本，佯装不知地问道：

“究竟发生了什么？包子去哪儿了？”

“老师，包子是被小偷偷了吗？”

“很明显，是被偷了，可是小偷是谁呢？”

“那还不简单嘛，我们想办法抓住他不就知道了。”

……

孩子们你一言、我一语，那天热闹极了。他们一天的话题都是关于“谁偷了包子”。

★活动二：买绘本《谁偷了包子》

没过几天，孩子们兴冲冲地跑过来："老师，我们知道是谁偷了包子，是一只小黑猫。"

我竖起了大拇指，但同时又很疑惑："你们是怎么知道的？"

"我问了妈妈，可是妈妈也不知道，但是妈妈给我买了这本绘本，我们一起读，就知道啦。"孩子，你的妈妈可真支持你！

"我，我在您的办公桌上看到书的背面有只贪吃的小黑猫，我猜就是它。"孩子，你可真善于观察呀！

舟舟说："我可不一样。我在读书的时候，发现每次煎饺、包子不见的时候，都有一条长长的黑尾巴出现。它有时候在屋檐上，有时候在桌子底下，有时候就在妞妞的背后。"孩子，你有一双善于发现的眼睛！

孩子们想问题答案的能力让我震惊，我将他们的故事讲给他们的家长听，家长们看到孩子的成长，高兴极了。在老师和家长的鼓励、引导下，幼儿们快乐地购买了绘本，很快，我们正式走进了《谁偷了包子》的"课堂"。

★活动三：泛读《谁偷了包子》

在语言活动《谁偷了包子》中，我拿出了集市上人们买包子的图片，晨晨一眼看出这是中国，因为自己旅游的时候看到中国有这样的房子。小羽还细致地观察到图片上有一家包子铺。而哲哲则看到图片上有很多白色的烟，经过讨论，他们一致认为这是包子刚出锅时热腾腾的水蒸气，他们还仿佛闻到了包子的香气，断定这家包子铺的生意很好……那么是什么让包子铺的生意这么好呢？

鑫宇说："包子的味道要好，包子要便宜。"

乐乐说："要会吆喝！"

画面一转，转到了妈妈吆喝生意的画面，他们认真地模仿着，仿佛自己就是包子铺老板一样。他们学做生意的样子真让老师佩服。他们的认真吆喝吸引来了买包子的客人，于是，老板娘与客人买卖包子的角色游戏在我们的课堂上悄然上演，好不热闹。

"老师，盘子里怎么少了包子，旁边还留下了脚印，那是什么脚印？"

"那是狗的脚印。"豪仔说。

"不对，那是熊的脚印。"轩轩说。

"那才不是熊的脚印呢，熊是大家伙，那个脚印没那么大！"小乖反驳道。

"那就是小黑猫的脚印，就是它偷走包子的！"舟舟得意地说道。

小黑猫被抓住的画面在舟舟的提示下映入孩子的眼帘，他们唏嘘一片，担心这只可怜的猫咪的后路，纷纷猜想着它的结局。有的孩子认为它应该被送到警察局，有的认为它应该被送到动物流浪所，有的还认为应该把它放回去……

当小黑猫快乐地在妞妞家和妞妞一起游戏、吃包子的时候，孩子们开心地笑了，放心地拿起小提示卡，开心地叙述着包子铺里的故事。

★活动四：户外游戏"警察抓小偷"

孩子们对这本绘本非常感兴趣了，他们说喜欢故事里的妞妞，因为她勇敢，会自己想办法抓小偷。

他们想成为像妞妞一样的人，于是，在户外游戏"警察抓小偷"的活动中，他们奋力抓小偷，不仅越过了高高的障碍物，还努力地踩脚踏车，目的是抓住那些跑了很远很远的小偷。终于，在孩子们的机智与坚持下，他们成功地抓获了小偷，并积极主动地向

"上级"汇报了完成任务的情况。

"孩子们，你们可真勇敢!"老师自豪地说。

★活动五："小黑猫应不应该被原谅"辩论赛

孩子们同情故事中的小黑猫，认为小黑猫如果不吃东西，不被人们照顾，就会饿死；但他们又认为，小黑猫即使再可怜，它也不能没有经过别人的允许偷东西呀！于是，在孩子们争得不可开交的时候，我提议开展一场主题为"小黑猫应不应该被原谅"的辩论赛活动。

赛前，孩子们明确观点，与爸爸妈妈一起查找资料；赛中，他们各抒己见，有理有据地证明自己的观点；赛后，他们又不忘握手言和，尊重他人的同时也坚持自己的观点。在这场辩论赛结束后，他们意犹未尽地说："老师，什么时候我们再开一场辩论赛吧!"

"好，"我笑着回答，"在区域游戏里，我们就可以开呀!"孩子们的小眼睛转了转，似乎又有了新的主意……

★活动六：中国元素

如果说“妞妞和小黑猫”是孩子们进入绘本的钥匙，那“妞妞中国家”就是他们愿意在绘本里遨游的动力。在“妞妞中国家”，孩子们发现了土楼、漂亮的青花瓷器、别具一格的偏襟服饰、独具中国特色的盘扣……他们大胆而又饶有兴趣地将土楼画下来，认真地观察青花瓷花纹，制作偏襟服饰，使用盘扣……这些都是孩子们在绘本里寻找到的“中国元素”。

★活动七：做包子

要想吃到美味可口的热包子，需要孩子们去发现更多的知识，面粉就是他们需要发现的第一个知识。小小的粉末加入一定的水之后就可以变成另外一种状态，可是如果要做包子的话，该加入多少水，可以让面粉变成面团呢？孩子们认真地尝试着，可每次都失败，这是什么原因呢？我把这个问题交给了他们自己，他们问爸爸妈妈、爷爷奶奶，甚至还上网查找了资料。原来要想把面粉变成面团，还需要揉面呢，而且揉面还要朝一个方向用力揉。想包子皮变得好吃又有韧性，还需要加上酵母。了解和掌握了这些知识后，孩子们开始做包子了。

"等一等，老师我想吃糖包子。"

"对对，我想吃豆沙包。"

"我想吃粉丝包。"

"我要吃肉包子。"

这么多口味，孩子们要怎么准备材料呢？记一记、数一数，"做包子"的综合活动就在他们的统计中开始啦——和面、揉面、擀皮、包馅、造型、上蒸笼……等待包子蒸熟的时间是漫长的，可是，他们并不觉得无聊，因为他们发现了蒸包子的水蒸气。孩子们席地而坐，与我一起聊起了那了不起的水蒸气。

很快，一笼笼美味的包子在孩子们耐心的等待中出笼啦。吃着自己亲手做的包子，孩子们开心极了。游戏时间到了，可蒸笼里还有剩余的包子，该怎么办呢？

"要不，我们送给别人吧。"

"有啦，我们拿到角色区去卖掉吧。"

聪明的他们立刻有主意啦。可到底要怎么处理剩下的包子，孩子们进行了投票，最后多数人同意去角色区卖包子。那怎么卖包子呢？去看一看不就知道啦。他们来到了小区的包子铺，买包子的时候仔细观察：张贴宣传单、品尝样品、做包子 DIY、多元化经营、便利付款方式……都是孩子们观察的结果。在角色区里，孩子们的生意好极了，我要为他们卓越的经商头脑点赞。

价目表

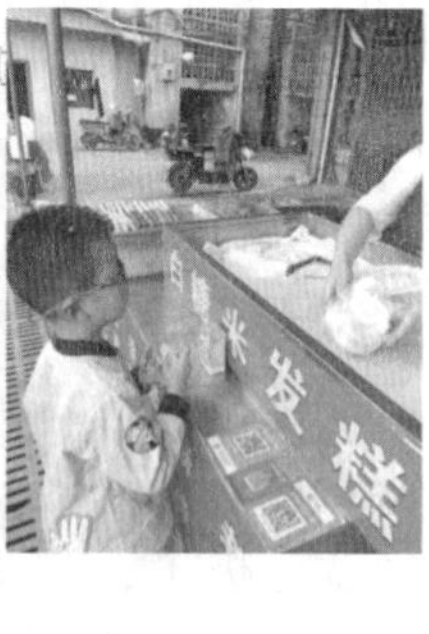
米发糕

★活动八：油的秘密

“老师，妞妞为什么会用油来抓小偷啊？”很快孩子们发现了第二个知识。他们按照老师的要求，从家里带来了各种材料，目的是准备用敲打的方式实践哪些材料是可以榨油的。啪——芝麻在纸上留下了油渍，孩子们在记录表上做上了记号。一阵噼里啪啦后，孩子们的记录表里收获满满。“老师，好厉害啊，花生、芝麻都可以榨油呢。”

★活动九：水油分离画

孩子们在为结果感到欣喜的时候，萧萧不乐意了：“老师，宇晨用他的湿积木敲打我的榨油纸。”

“可是你的榨油纸又没有坏掉。”

“对呀，老师，她的纸没有坏掉呢，为什么呀？”

孩子们开始想要探索油更多的秘密，最终发现油不溶于水，油和水是可以分离的，用油水分离的方式画妞妞的家成了他们最开心的事情，为此，他们还成了老师的小帮手，一起帮忙布置了班级主题墙呢。

★活动十：永定土楼

“妞妞还挺能干的嘛，知道用垒高的方式抓小偷。”

“是啊，垒高加上泼油，小偷一滑倒，就会撞翻垒高的物品。毕竟垒高的东西很容易被撞倒的。”

垒高成了他们追求的第三个知识。那用什么材料进行垒高游戏呢？“老师，那用扑克牌吧。我见过一个扑克牌达人，他用扑克牌建了很多房子呢。”

孩子们很快从家里搜集到很多扑克牌，刚开始，他们不知道怎么搭建，我悄悄地折了一下，横折、竖折，模仿着我的折法，他们开始搭建起高楼。在建构区里，他们商讨分工、合作。很快，孩子们的高楼平地而起，他们开心地议论着各自的作品。

★活动十一：扎染

"我好想穿这件偏襟的衣服啊。""是啊，我也想穿，它们的颜色好好看啊。"孩子们在制作偏襟服饰的时候呢喃道。扎染成了孩子们发现的第四个知识。第一次接触扎染，孩子们尝试了蓝染。扎花、浸染、拆线、清洗、晾晒……每一步他们都乐于尝试，尽管会遇到困难，但他们并没有选择放弃，最后的成功让孩子们在感叹扎染世界的神奇之处时，又很得意自己的作品。可是扎染手帕并不是他们最终追求的，他们立志要扎染出多彩的衣服。很快，孩子们进行了扎染的第二次尝试——彩染：扎花、滴染、拆线、清洗、晾晒……

有了第一次经验的积累，这次孩子们干劲更足、信心满满。然而只有染好的衣服，可穿着不合身该怎么办？"请我妈妈改一改，她可会做衣服了！"睿睿说。于是，在小朋友的盛情邀请下，睿睿妈妈给孩子们改了合身又好看，还创意十足的扎染服饰。

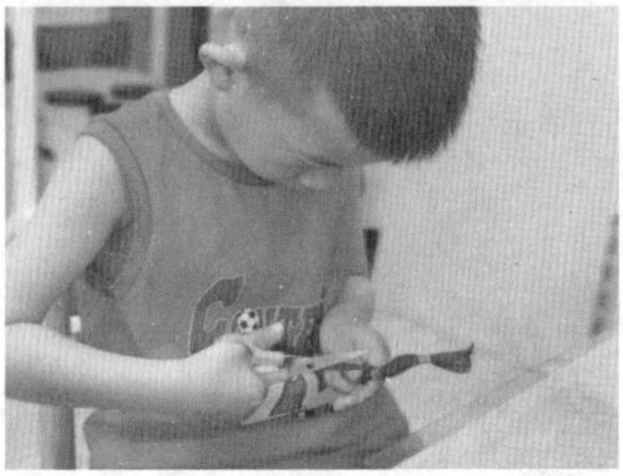

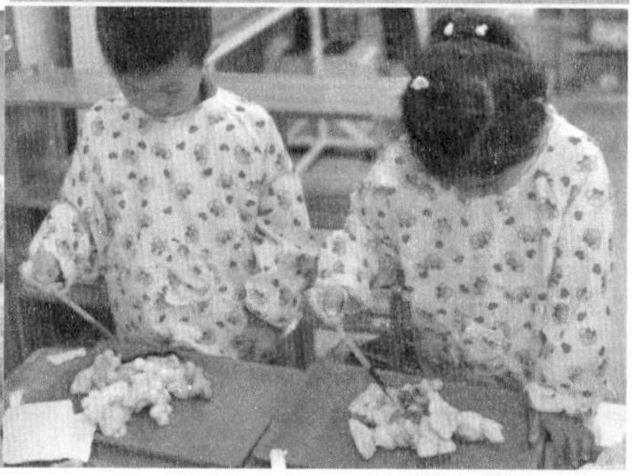

★活动十二：T台秀

"老师，我们真的可以穿上这么漂亮的衣服吗？"茜茜害羞地问我。

"对啊！"我微笑地看着她。

"那我要穿上这件衣服走一场秀。"

"好啊，好啊，我也要参加，我们去找更多的人吧！"旁边的嘟嘟饶有兴趣地说道。

于是，他们找了更多的小朋友参与，还找老师帮忙挑选音乐，共同合作制作了走秀PPT，甚至还模仿着模特走秀的姿势不断地练习着。终于，经过反复练习，孩子们的走秀表演开始了，舞台上自信的他们，专业的他们，赢得了台下一片热烈的掌声。

★活动十三：绘本剧《谁偷了包子》

如果说T台秀的表演是成功的，那绘本剧《谁偷了包子》就是孩子们为自己量身打造的绝妙演出。

从情节设定到细节表演，孩子们努力做到最好。他们设定了四场情节：妞妞家包子铺、包子不见了、抓小偷、化敌为友。在"妞妞家包子铺"的情节中，表演者都身着偏襟服饰有秩序地排队买包子，为了烘托气氛，他们还专门增添了盘扣铺、旗袍店、青花瓷器店以及土楼设计局，里面展示的都是他们在课程中生成的作品。在"包子不见了"的情节中，他们扮演金店老板娘、绸缎庄老板来买包子时，表演得惟妙惟肖，十足像偷包子的嫌疑人，为整个案情的发展提供了悬疑性。而在"抓小偷"情节中，孩子们共同设计的抓小偷游戏，让“妞妞”成功地抓到了小偷——小黑猫。在最后“化敌为友”的情节中，妞妞与小黑猫真正玩在一起，生活在一起，这成功地渲染了妞妞的善良以及动物需要用爱来照顾的主题。

这场表演是孩子们从绘本中而来，却又源于他们自身创造而得的表演，是他们真正生成的表演，是值得被肯定和表扬的。

八、活动评价

（一）幼儿评价

我在“谁偷了包子”绘本主题探究活动中的进步

班级：大五班　　　　　　　　　　　　　　　　　　幼儿：红红

目标维度	我的进步		我给自己画红花
	目标	家长记录	
情感态度	(1)我懂得了我们要珍惜自己的好朋友 (2)我喜欢跟小朋友们玩警察抓小偷的游戏	•“希希是我的好朋友，她平时很安静，我们还一起玩游戏，她帮我把积木搭得很稳固。”	❀ ❀ ❀
知识经验	(3)我知道别人的东西没经过允许不能拿 (4)我知道盘扣的类型	•“妈妈，爸爸又没经过我的允许，把我的图书拿给妹妹看，老师说了要拿别人的东西需要经过允许，我觉得很对。可是爸爸不对。”	❀ ❀ ❀
能力方法	(5)我会帮爸爸妈妈做家务 (6)我还会控制自己少吃零食	•“我不能吃太多薯条跟可乐，因为它们是垃圾食品，吃多了对身体不好。”	❀ ❀ ❀
说明：(1)家长与幼儿交谈，幼儿说说自己的进步　(2)家长在“我的进步”一栏里记录下孩子说的话　(3)幼儿给自己画红花，可画1~3朵红花			

(二)教师评价

本班幼儿在"谁偷了包子"绘本主题探究活动中的进步

领域	具体指标	教师评价		
		很好	好	加油
健康领域	(1)喜欢参与保护鼻子的健康活动	92%	4%	4%
	(2)能够小车骑行400米	88%	4%	8%
	(3)学习攀爬高架的技巧	92%	4%	4%
社会领域	(4)乐意参加商讨排队规则的社会活动	85%	8%	7%
	(5)知道要遵守排队规则	88%	8%	4%
	(6)会文明制止插队行为	96%	4%	0
语言领域	(7)喜欢倾听《谁偷了包子》的绘本故事	92%	4%	4%
	(8)能够表达自己对小黑猫的观点	80%	15%	5%
	(9)学习观察画面，推理故事情节的发展	85%	7%	8%
科学领域	(10)愿意主动探究生活中的水蒸气现象	85%	12%	3%
	(11)学习水蒸气的形成	92%	4%	4%
	(12)能够大胆探究并做好相关记录	96%	4%	0
艺术领域	(13)愿意利用水油分离的方式作画	92%	4%	4%
	(14)学习水油分离的作画方式	80%	15%	5%
	(15)能够大胆利用水油分离原理作画	85%	7%	8%

老师想对孩子们说：

虽然主题活动结束了，但是你们的成长并没有结束，你们长大了、懂事了，开始帮老师出主意啦。制作主题墙时，你们说可以用水油分离法画出一所妞妞家的大房子作为主体墙的背景墙；内容呈现时，可以把学习的有关油的知识展现出来，还可以挂上你们的水油分离画作品；包子总是不见，你们可以一起数一数，数字也不仅仅是数字啊，它还可以变成数字公路，在数字上画上斑马线，两边画上高高耸立的楼房，还有漂亮的风景呢；“对啊，对啊，我们的扎染艺术品可不能埋没了，这是我们最得意的作品呢。”有了你们的参与，我们的主题墙才大放光彩，你们才真正地与环境进行了对话。老师为你们自豪、为你们骄傲，你们是最棒的。

（三）家长评价

本班家长以叙事故事的形式描述了孩子在绘本主题活动“谁偷了包子”中的进步。现摘录几篇家长写的叙事故事。

亲子故事一：排队买东西

有一天带小乖去复查牙齿，早上买早餐和中午带他去吃午餐的时候，他都会说：“妈妈，我们要排队买东西吃，不能插队。”我欣慰地看着他，确实，在幼儿园里，他学到了不少知识，今天他就把学到的知识用到了现实生活中，而且，在检查牙齿的时候，他也没有因为等待的时间特别长而表现得不耐烦。

亲子故事二：和面团

从开展这次生成性绘本主题活动的那天开始，希希每天回来都会说一些有趣的事情。但是她最喜欢的还是做包子，她说面粉很有趣。于是，利用节假日，我们家也做了一次包子。在做包子时，希希说：“妈妈，你知道面粉变成面团需要多少水吗？”我摇摇头。她拿出一个小量杯，很认真地说：“用这个，我们测量过！”看着她认真地将水倒入面粉中，然后用期望着面粉快速变成面团的眼神看着我，我笑了！看来，在幼儿园她还真的学了不少知识。

亲子故事三：榨油小实验

下班回家，我就听到厨房有敲击声，寻声看去，原来是儿子用一块木板在敲打着什么，我问他：“儿子，你在干吗呢？”“妈妈，我在榨油，我们老师说了，花生、菜籽都可以榨油，我就试试厨房里还有什么可以榨油。”“哦，原来如此！那你都找到了什么可以榨油吗?""找到了，芝麻也可以!"我饶有兴趣地看着他。"那你为什么觉得芝麻可以榨油呢?""你看，我的纸上有印子呢，我把水滴上去，纸都没有湿呢，这个印子应该就是油印子。""嗯，解释很合理，答案找得也很对!"我给他竖起了大拇指。

孩子们的爸爸妈妈还说感觉孩子们每天都过得很充实、很快乐，孩子们的知识面广了，语言表达能力变强了，变得更自信、更活泼、更开朗了……如此，真好!

九、活动反思

(一)根据幼儿的兴趣特点选择合适的教育资源和学习方法

根据幼儿的兴趣特点选择合适的教育资源，进行新颖有趣的教学，孩子们乐在其中，教师也成长在其中。关于具有中国特色的中国风元素，教师不是专业人士，对其了解程度较浅，因而在开展活动之前需要花大量的时间和精力去学习关于中国元素方面的知识，然后寻找适合班级幼儿学习的知识点，探寻有趣的教育活动，与幼儿一起生成能发展幼儿已有经验和能提升幼儿能力的活动。教师必定会成长在其中，受益匪浅，而幼儿也会乐在其中。

(二)让幼儿在生成性绘本主题探究活动中成为班级环境的创造者

在此次绘本主题活动中，幼儿在艺术领域的教育活动以及区域活动生成的作品都为本次主题环境产生了丰富的资源，幼儿主动将作品布置在班级主题环境中，使自己的成长与环境产生对话效应的同时，也发挥了幼儿环境创设主人的地位。

(三)让家庭资源成为生成性绘本主题探究活动的有力支撑

在开展本次绘本主题的过程中，需要家长提供多方面支持作为实施绘本活动的有效手段。在绘本主题活动开展初期，家长纷纷购买相关绘本书籍供幼儿阅读，以保障本次活动的顺利进行。在活动过程中，家长为幼儿提供白色T恤，供幼儿扎染；带幼儿参观包子铺、宠物店；积极与幼儿完成亲子实践活动……这些都是家长无私的支持，而正因为有了这些支持，孩子们才能在活动中快乐地成长。

(四)要充分挖掘和有效利用社区资源

社区资源没有得到充分利用，成为本次生成性绘本主题开展的不足。在开展本次生成性绘本主题探究活动的过程中，尽管利用了社区里的包子铺、宠物店以及警察局等社会资源，然而社区内中国元素并不是很多，因而，幼儿无法从社会实践中体验中国元素知识，成为本次生成性绘本主题探究活动的滞后点。本次生成性绘本主题探究活动虽然已经结束，但这次课程的开展让我们清楚地意识到，生成性绘本主题探究活动要根据幼儿的兴趣、年龄特点出发，要在尊重孩子们对知识渴求的基础上，融合现代文化知识，进行文化的传承教育；要充分肯定幼儿是教育的根源、教育的助力、教育的主体，让孩子在活动中健康成长。

活动四："和甘伯伯去兜风"(5—6岁)

一、活动缘由

(一)班级情况分析

幼儿园大班的小朋友们在生活中比较善于观察，语言表达能力较强，且有自己独立的思维。在与同伴相处的过程中，有的幼儿往往会坚持自己的想法和意见；遇到问题时，有的幼儿或是相互指责，或是频频告状；出现问题时，有的幼儿会认为犯错的总是别人，无辜受伤的是自己；生活中，幼儿"不愿承担责任"已成为教育的热点话题。怎样让孩子们逐渐克服这些缺点呢？教师查阅绘本，发现《和甘伯伯去兜风》这本书挺好的，这本书以纯朴的故事、活泼的色彩开启幼儿睿智的心灵。教师将这本书投放在阅读区，发现孩子们专心地阅读并津津乐道地讨论，认为这本绘本风趣又有多方面的教育价值，且适合5—6岁幼儿阅读和探究。

(二)选择此绘本的理由

(1)绘画风格。画家采用了左页单色、右页彩色的画法。单色页类似铅笔素描，寥寥数笔的线条和简单勾勒，几近草图；彩色页让人眼前一亮，水彩般的黄绿色调，鲜艳却不浓烈，给人田园般的恬静感，如清风扑面。

(2)语言特点。书中孩子和动物们的语言可爱又可笑，相互推脱责任的理由五花八门，流露出一种顽皮率真、天真无邪的幼儿天性。

(3)图文关系。作者将图画和文字进行了交互式处理，黑白画面和彩色画面相辅相成，描绘出孩子和动物各自的神态，制造出许多对比或惊喜的视觉效果，再配合逗趣的文字，凸显了故事活泼、幽默的特质，令人读来忍俊不禁。

(4)绘本内容。"有一天，甘伯伯打算开车去兜风。他的朋友都要求上车一起去兜风，可是，半途下雨，车陷在烂泥里。小羊、小牛、鸡、绵羊、猪等一开始都不愿意下去推车，最后，甘伯伯说：'我们抛锚了。'大家只好全都下去推车。"

(5)探究方向。教师期望在师生共同构建绘本主题活动中，让孩子们在故事中看到自己，学会敢于面对问题、勇敢承担责任；懂得遇到困难不能逃避，大家要共同面对，齐心协力解决问题。同时，教师期望幼儿在探究神奇的动物世界的时候，能够更深层次地拓展知识，达到增长知识、全面发展、身心健康成长的目标。

二、活动目标

在师生共同进行生成性绘本主题探究活动"和甘伯伯去兜风"时，预期使幼儿达到以下目标：

(1)爱护自己的身体，不给他人造成危险；学会照顾身边的人，关心帮助他人。

(2)学会解决与同伴相处过程中遇到的问题，学会关爱，学会付出。

(3)遇到问题不要逃避责任，不相互指责，主动承担，勇敢面对；要懂得同他人协同合作，团结就是力量。

(4)用流畅的语言创造性地讲述绘本的内容，能根据绘本图片大胆地创编新故事，并为自编的故事配上图画，制成图画书。

(5)根据主题需要，学会观察身边动植物的生存环境、外形特征、习性，初步了解人们的生活与自然环境的密切关系。

(6)喜欢观察小动物，了解蚂蚁的外形特征和生活习惯，体会蚂蚁团结协作的精神；能区分苍蝇和蚊子，懂得环境保护的重要性。

(7)学会用一定的理由说明自己对事物或问题的看法，能说出几种特殊作用的车的外形及它们给人类带来的好处。

(8)感受并喜爱生活和艺术中的美，并能较自然地运用声音、表情和身体动作进行艺术表现。

三、活动资源

(一)绘本资源

(1)幼儿园购买了《和甘伯伯去兜风》《和甘伯伯去游河》等绘本。

(2)班级绘本区域中有《和甘伯伯去兜风》《和甘伯伯去游河》等许多绘本。

(3)前期，幼儿阅读了《和甘伯伯去兜风》的姊妹篇——绘本《和甘伯伯去游河》，幼儿对故事里的动物产生了极大的兴趣，《和甘伯伯去兜风》是一次拓展性阅读学习。

(二)园所资源

(1)园所提供了探究场地和设备。园所不仅提供阅览室、大量图书、多媒体、服装道具等物质环境，而且提供了大量的绘本书籍和专业用书，为教师查阅资料、幼儿阅读提供了便利。

(2)教师和家长收集完善资源库。教师和家长收集各种绘本，积极寻找与主题相关的适合幼儿学习的图片、绘本、教材、故事等可利用资源。

(3)园所提供了学习与研究的平台。园所对生成性绘本主题探究活动大力支持。经常安排教师外出学习先进的教学思想和实践经验，并邀请专家进行长期技术指导和专业引领，促进全体教师的专业成长。

(4)教师对主题的深入了解和知识储备。为避免主题活动流于形式，教师在全面、充分地了解幼儿现有能力和发展水平的基础上，积极寻找与主题相关的适合幼儿学习的图片、绘本、教材、故事等可利用资源，并记录与主题相关的问题、事件，及时补充修改主题网络和预设活动内容。活动中，记录每日活动精彩片段，做到每日一交流、每日一总结、每日一反思。

(三)家庭资源

前期，本班家长参与了多个绘本主题探究活动，因而本次活动我们可以进一步积极寻求家长的合作。

(1)亲子收集资料。活动前，可以通过班级家委会、家长会、线上线下互动等方式，让孩子能更有目的地收集资料。同时家长应积极地配合，如可以请家长支持幼儿观察蚂蚁，了解蚂蚁的生活习性；可以让家长与幼儿查阅资料，观察苍蝇和蚊子的不同。

(2)家长与幼儿、教师共同布置班级环境。如小颖的奶奶在美工区和孩子们做手工；可以请家长们与孩子一起制作亲子作品，主动参与班级环境创设活动。

(3)亲子共读和亲子制作绘本故事书。可以动员家长和孩子亲子共读《和甘伯伯去兜风》绘本，引导家长在家庭生活中帮助幼儿初步树立责任感和任务意识。

(4)鼓励家长参加幼儿园组织的亲子阅读打卡活动。通过亲子阅读打卡活动，鼓励幼儿制作绘本故事书《和甘伯伯去兜风》。

(5)开展家长助教活动。请睿睿的爸爸传授环境保护的常识，小煜的妈妈到幼儿园与教师一起共同护理幼儿，交流生活护理等方面的知识，家园合作共同促进幼儿发展。

(6)鼓励家长在家长课堂上进行经验分享。设立家长课堂，让家长参与班级环境创设和学习活动。

(7)邀请家长一起参加户外亲子活动，分享幼儿的学习成果。让家长通过亲身体验进一步了解主题活动的内容和开展形式，见证幼儿通过学习显现出来的成长和思考能力。

(四)社会资源

(1)鼓励家长多带孩子到户外欣赏大自然。欣赏龙灵山春景，感受大自然的美妙与神奇。通过“我们一起去兜风”和“我们一起去烧烤”亲子户外活动，把不同文化背景、生活经验、知识水平的家庭汇集在一起，增进亲子、师幼、生生、家庭与家庭间的感情，激发集体荣誉感和提升班级凝聚力。

(2)密切与社区配合。当一个主题活动结束后，可以在社区开展成果展示，让幼儿有机会在更广阔的空间里学习与交流，产生新的知识经验，获得整体性发展。

四、活动预设思维图

主题活动开展前一周，教师和孩子们围绕“兜风”这个中心话题进行讨论，谈话中出现最多的关键词有“风景美”“动物”“车”“人多”和“篝火会”，而“风景”“吃”和“车”成了孩子们谈论的热点，于是教师将孩子们感兴趣的话题结合他们生活中“相互指责”和“频频告状”的现象，初步拟定了主题网络预设图。

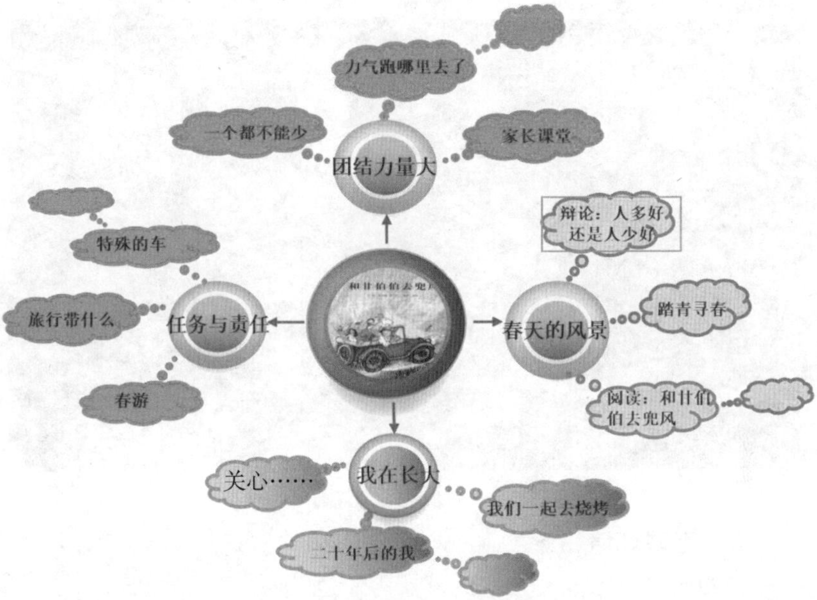

"和甘伯伯去兜风"主题网络预设图

五、环境创设

（一）主题环境

在生活活动中，教师与幼儿共同研究主题环境的创设。最终，大家达成一致意见，将主题墙分成"烧烤乐园""车子大调查""踏青寻春——放风筝"和"亲子绘本故事书"四个板块。幼儿参与环境设计与布置，是激发幼儿主动进行探索与学习的过程，是搭建幼儿与同伴之间、幼儿与教师之间互动舞台的过程，更是对主题进一步深入学习和认识的过程。这种参与能让幼儿在与环境的互动中对《和甘伯伯去兜风》这个故事中"不愿承担责任"的共性问题有一个较为全面的正确认识。

(二)区域环境

1. 阅读区

材料投放：投放《和甘伯伯去兜风》《和甘伯伯去游河》《爱心树》等绘本；投放幼儿自制的故事书。

投放意图：让幼儿喜欢阅读，并能与同伴分享阅读到的趣事。

2. 角色区

材料投放：烧烤材料一套(食材、烧烤炉、油盐酱醋以及碟碗筷等)，餐桌、情境背景墙；补充材料——旅行社道具一套。

投放意图：(1)幼儿在游戏中学会分工合作，共同协商解决问题；知道根据顾客要求点餐，认真做好角色本职工作。(2)幼儿尝试对外推广烧烤，吸引旅行社的旅客。

3. 建构区

材料投放：房屋建筑背景墙、建筑图片和图形卡片，原木积木若干；补充恐龙、小木人、插塑、塑料积木、万能工匠等实物材料。

投放意图：(1)预设室内与室外建构区，鼓励幼儿合作游戏。(2)鼓励幼儿展开想象有创造性地为游戏增加情节。

4. 表演区

材料投放：情境环境、服装、背景树；补充权杖1根、苹果若干、红绸和黄绸等道具材料。

投放意图：(1)积极主动进行表演《爱心树》，知道一味索取是自私的行为，学会关心他人，学会付出。(2)展开想象，创编故事，大胆表演《和甘伯伯去兜风》《女王的苹果树》等绘本故事。

5. 科学区

材料投放：透明玻璃瓶、放大镜、昆虫标本；补充材料——金鱼、鱼食。

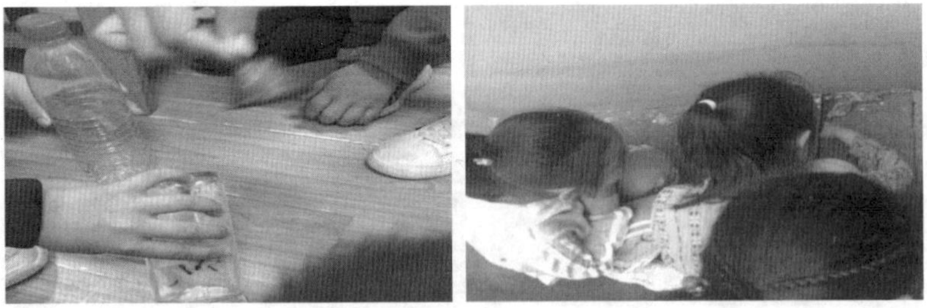

投放意图：(1)观察蚂蚁、蜗牛等小动物，了解它们的外形特征和生活习性。(2)观察金鱼的活动状态，知道如何饲养金鱼。

6. 美工区

材料投放：各种美工用具、装饰饰品、轻泥；补充材料——胶枪、制作示意图和相关样本。

投放意图：(1)发展幼儿手部动作，促进手指动作的灵活协调。(2)使幼儿知道根据示意图用胶枪粘贴作品。

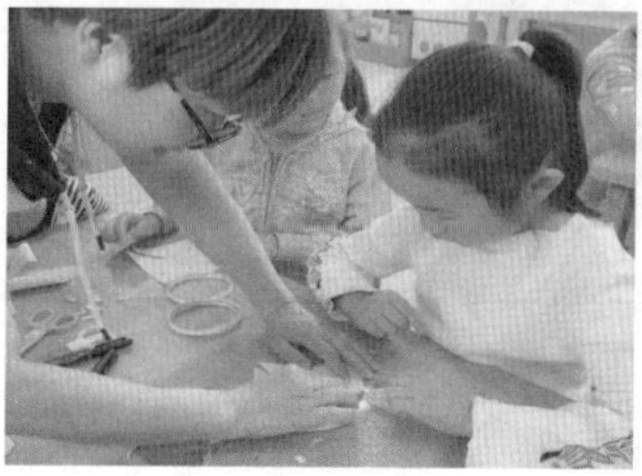
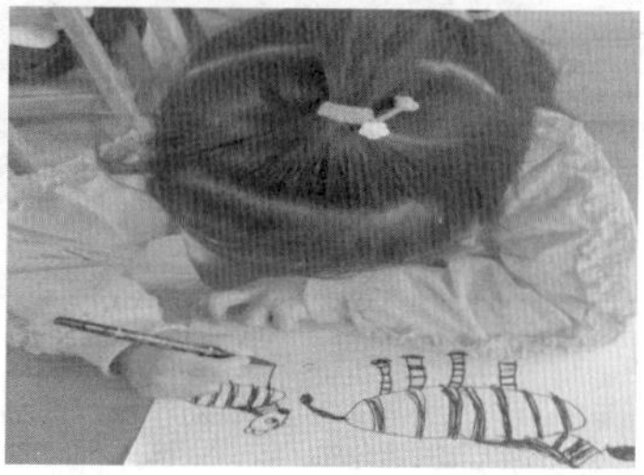

六、活动轨迹

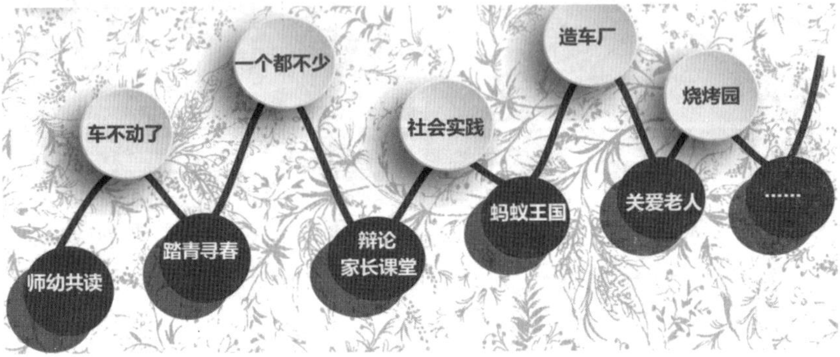

"和甘伯伯去兜风"课程实施轨迹

序号	活动内容	学习活动	户外活动	游戏活动	生活活动	亲子活动	社会实践
1	共读绘本《和甘伯伯去兜风》(阅读区，多次个别学习)	√		√			
2	师生研讨"环境创设"				√		
3	精读绘本《和甘伯伯去兜风》	√					
4	幼儿探索"寻找合适的材料"	√		√		√	
5	讨论：车不能动的原因(集体、亲子讨论)	√				√	
6	美术制作"踏青寻春"(美术区，多次幼儿自由绘画和手工制作)			√			
7	"一个也不能少"(学习活动，户外)	√	√				
8	"团结就是力量"(学习活动)	√					
9	分享活动"美丽的云朵"(学习活动、小组活动和集体活动)	√	√	√			

续表

序号	活动内容	学习活动	户外活动	游戏活动	生活活动	亲子活动	社会实践
10	辩论“假期出行人多好还是人少好”(亲子、学习活动)	√				√	
11	师生共同布置环境(生活活动)				√		
12	辩论“晴天好还是雨天好”(家庭，阅读区)			√		√	
13	“简易小车”(户外活动，个别指导)		√	√			
14	回家查阅资料“雷声和闪电”(亲子)					√	
15	分享“雷声和闪电”(学习活动)	√					
16	复述故事《和甘伯伯去游河》(学习活动，阅读区)	√		√			
17	社会实践：春游（户外、亲子)		√			√	√
18	家长课堂“保护环境”(学习活动，家庭)	√				√	
19	实践：感恩环卫工人(学习活动、社会实践)	√					√
20	回家查阅资料“苍蝇和蚊子”(家庭、学习活动)					√	
21	游戏活动“苍蝇和苍蝇拍”(户外、游戏活动)		√	√			
22	查阅蛔虫资料(家庭亲子、学习活动)	√				√	
23	“谁的责任”(学习活动、集体学习)	√					
24	回家观察小蚂蚁——“蚂蚁王国”(学习活动，户外、亲子活动)	√	√			√	

续表

序号	活动内容	学习活动	户外活动	游戏活动	生活活动	亲子活动	社会实践
25	“蚂蚁本领大”(游戏活动)			√			
26	排练“筷子舞”(表演区、家庭)			√		√	
27	“折筷子”(学习活动、小组游戏)	√		√			
28	看动画《三个和尚》(学习活动、集体学习)	√					
29	“载人火车”(户外建构、小组)		√	√			
30	实践活动“我们一起去兜风”(亲子)					√	√
31	看绘本《蚂蚁和西瓜》(阅读区，个别学习)	√		√			
32	师生共同布置环境(生活活动)				√		
33	表演游戏“蚂蚁和西瓜”(表演区)			√			
34	“动物天气预报”(学习活动、家庭)	√				√	
35	师生共同布置环境(生活活动)				√		
36	“载人火车”(户外活动，小组)		√	√			
37	调查发现“我家的车”(社区、家庭、学习活动)	√				√	√
38	“参观消防中队”(社会实践)						√
39	“慰问福利院的爷爷奶奶”(社会实践)						√
40	“师生共同布置环境”(生活活动)				√		
41	“车厢分离”(户外建构、小组游戏)		√	√			
42	“龙灵山停车场”(户外、学习活动)	√	√				
43	游戏活动“好玩的轮胎”(户外活动)		√	√			
44	家长课堂“恐龙先生弄丢了”(亲子、学习活动)	√				√	

续表

序号	活动内容	学习活动	户外活动	游戏活动	生活活动	亲子活动	社会实践
45	亲子制作烧烤材料"蒲潭烧烤店"(亲子、区域活动)			√		√	
46	实践活动"我们一起去烧烤"(家委会组织幼儿到龙灵山去烧烤)					√	√
47	美工作品"请甘伯伯看看我们的龙灵山美景"(美工区，个别活动)	√		√			
48	以"甘伯伯……"为话题讲故事(集体分享、亲子讲述)	√				√	
49	故事表演——《和甘伯伯去兜风》《爱心树》	√		√		√	

七、活动实录(叙事故事)

本次生成性绘本主题探究活动源于教师和家长对孩子间"相互指责"和"频频告状"现象的关注，经过交流和探讨，我们决定开展绘本主题探究活动"和甘伯伯去兜风"。

《和甘伯伯去兜风》这个故事在"兜风"的过程中，轻松讲述了生活中孩子"不愿承担责任"的共性问题，同时告诉大家团结就是力量。在困难面前，谁也无法逃避，大家齐心协力、克服困难，就能取得成功。我们希望通过故事与生活相结合的方式，逐渐将关爱、付出、责任等品质融入生活教育之中，引导幼儿感受勇于担当、学会付出后内心成长的喜悦。

★活动一：共读绘本《和甘伯伯去兜风》

最近，我们班阅读区又增加了《和甘伯伯去兜风》等绘本。我们第一次共读这本绘本时，采用的是点读与讲读相结合的方法。手指跟着是让孩子们知道故事进行到哪个地方，配合讲读是因为他们的听力、理解力比阅读能力强，老师将故事中角色的不同表情和语气融入故事，辅以简单的手势和动作，希望增添一些故事的新鲜感，吸引孩子们，充分调动他们阅读的兴趣。阅读活动结束后，孩子们围了过来纷纷说："老师，这种读书方法真好玩，我们太喜欢了。"

共读让我们更加亲密，也创造了更多的沟通机会。

"车为什么不能动了？哪些原因会导致车不能动？"共读时孩子们提出的问题引出了一番热烈的讨论。

"车子开不动了，可能是没有油了。""也可能是掉进坑里了。""可能是因为人太多了，山坡太陡了。""车太老了吧"……

经常出行让孩子们积累了丰富的生活经验，他们可以把造成车开不动的原因列出很多种。

★活动二：师生研讨环境的创设

按照以往的经验，老师会依照自己的思路来装饰墙面和区角，这样孩子们参与的机会就变少了。为了让环境引发孩子们的主动探索行为，使他们成为推动主题活动展开的主人，老师尝试和孩子们一起布置主题环境。讨论中，孩子们对旅游、对兜风、对烧烤特别感兴趣。

强强说："去年，我妈妈带我到东江湖旅游了，东江湖湖面雾气可大了！"

萍萍说："我妈妈经常带我到外面兜风。"

讨论中，孩子们对吃格外感兴趣。城城说："我想要开个烧烤店当老板，天天吃我最爱吃的烤鱼和香肠。"

琳琳说："龙灵山有个烧烤园，烧烤园旁边放风筝的人也很多，而且风筝都很漂亮，图案和形状都不一样。"

萱萱说："现在烧烤园马路两边都停满了车，烧烤的人特别多。"

佳佳说："我不喜欢吃烧烤，熏得烟火缭绕的一点都不卫生，时不时有苍蝇和蚊子飞来飞去，很多细菌。"

睿睿说："我想把爸爸妈妈帮我画的故事书带来，讲我自己编的故事。"

最后，老师与孩子们达成一致意见，将主题墙分成"烧烤乐园""车子大调查""踏青寻春——放风筝"和"亲子绘本故事书"四个板块。

真高兴，孩子们给了老师一次意料之外的惊喜！正如陈鹤琴先生所说的，环境布置要体现"解放儿童的大脑和双手"。

★活动三：寻找合适的材料

这次活动孩子们首先想到的是用KT板来做展示板，把草地画在板子上。有的建议用纸当风筝线，有的说用鱼线，大家都在没有目的性地寻找各种材料。老师并没有直接告知他们该怎么做，而是想要孩子们自己去尝试发现。在手工操作过程中，孩子们一边探索一边操作，不断积累经验，风筝做好了。风筝飞上天空，线是被拉直的，有时也不一定是直的，有时也会是斜着的。因为放风筝的人不同，动作也不一样，所以风筝飞的高度也不一样，鱼线细，放在KT板上不够醒目，换成毛线效果更好。最后，孩子们选取了红色的KT板和牛皮色的大纸板来展示主题环境，可是要怎样把放风筝单独展示出来呢？他们有各种设计想法，最后用谁的设计稿最合适还需要投票才能解决，不管怎样，这都是孩子们集体智慧的结晶。

★活动四：一个都不能少

甘伯伯他们要怎么才能上山坡呢？孩子们最关心这个问题。

“我觉得甘伯伯力气应该很大，他一个人就可以把车推上去。”小远对老师说。

“孩子，你从哪里得出这样的结论？”

“因为我爸爸的力气很大，我家很重的东西都是他搬。”

宝贝，你的话启发了我们，就像一簇火苗，让活动氛围顿时燃烧了起来。

我们开展了“一个都不少”的社会活动，甘伯伯邀请大家乘坐旅游车，但要求在规定时间内，一个都不少地上车。孩子们在第一次游戏失败后相互指责，连续三次失败后开始思考问题：当跑、挤、推、埋怨、告状都不能解决问题时，该怎么办？孩子们最后统一了观点——有序排队上车，胜利完成了任务。当听到甘伯伯说“孩子们，我们是一个整体，文明乘车，一个都不少，欢迎下次乘坐”时，孩子们神采飞扬。孩子们，遇到问题时不要抱怨，不要相互指责，只要大家齐心协力，再大的问题都能解决。这次孩子们学会了有序排队和文明谦让，老师真为你们感到高兴。

★活动五：团结力量大

游戏用的原木桌子真的很重，老师把两张桌子叠放了起来想"为难"一下大家。看着孩子们发愣的样子，老师有点小得意。

"一张桌子都搬不动，更何况两张？"聪明的孩子们并没有气馁。

天天和小辰两个人试着抬桌子，失败了。没关系，再加两个人，还是搬不动！旁边的伙伴们都过来帮忙抬了，8个人一起抬，居然合力把桌子举起来了，从头到尾没有指责和抱怨谁。

"老师，我知道了！甘伯伯的车上不去了，车上的人就应该下来帮忙推车。因为人多力量大！"孩子们在实践中慢慢学着去思考、去总结生活中蕴涵的小哲理。

★活动六：假期出行人多好还是人少好

星期五是孩子们最盼望的日子。老师听到他们结合自己在外面的所见所闻，对"假期出行人多好还是人少好"展开了辩论。辩论赛中大家自成两组，辩论得热火朝天。

“我认为人多好，是因为人多很热闹。”

“我认为人少好，是因为人少就不会拥挤，不容易受伤。”

“我认为人多好，是因为人多在一起可以相互照顾，还可以聊天，不觉得无聊。”

“我认为人少好，是因为人少不会被别人遮挡风景，不用担心走丢。”

辩论赛中孩子们团结一心，辩论得热火朝天，学会了从不同角度思考问题。看到他们有理有据地表达自己的观点，老师感受到了孩子们强烈的凝聚力和集体荣誉感，真为他们感到骄傲！

★活动七：春游

周六早晨，春光明媚的上午，孩子们相约向龙灵山出发，去向春天问好。

尧尧捡起地上乱丢的烟头、喝完的饮料瓶，一边捡垃圾，一边反复念叨"瓶子是可回收的垃圾"。

"保护环境是环卫工人的责任。"这句话就像个小炸弹燃爆了现场的气氛，一下子把大家的话匣子打开了。

"环卫工人打扫干净了还有人不讲卫生乱丢垃圾，这样垃圾是捡不完的。"

"垃圾多了很臭的，会有很多臭虫和苍蝇围着转。"

"苍蝇和臭虫有细菌，会让我们生病的。"大家把看到的和做了的事情都记了下来。

这是大自然无声的教育，孩子们一路热热闹闹，相互帮助、共同合作捡垃圾。

孩子，睿智如你们，懂得珍惜他人的劳动成果，懂得保护我们生存的环境，老师为你们点赞！

★活动八：家长课堂“保护环境”

孩子们对苍蝇和蚊子的好奇心引起了老师的注意，也出乎老师的意料。家长们也赶紧帮着上网查资料，获得了大量关于苍蝇和蚊子的新信息。

睿睿爸爸走进课堂，向大家介绍苍蝇和蚊子的生活习性和危害。苍蝇最喜欢臭的地方，还可以传播疾病。要注意的是苍蝇身上的毛刺会把细菌带到水果上、饭菜里。孩子们听了“保护环境”的课后，都跑到盥洗室排队洗手去了，生怕手上沾染了苍蝇携带的细菌。

户外活动时，孩子们自创了“苍蝇和苍蝇拍”的游戏，在游戏中进一步巩固所学到的知识。是的，环境保护这么重要，当然一定要时刻记在心里。

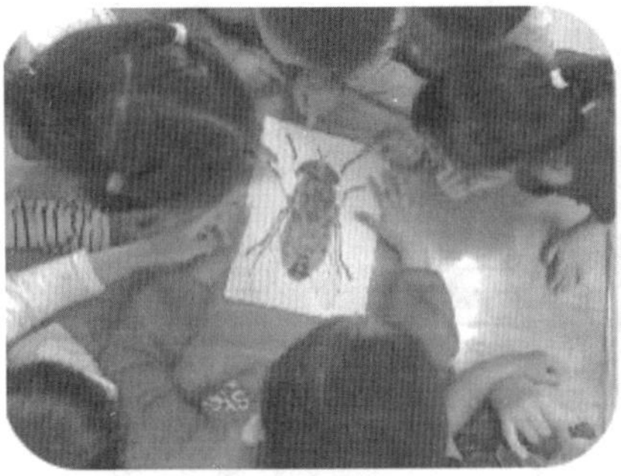

★活动九：感恩环卫工人

一天早晨，小琳跟老师说："我知道小颖奶奶是环卫工人，她在幼儿园门口打扫卫生，我们应该感谢她！"

"怎样感谢环卫工人？"讨论已经成为孩子们解决问题的好习惯。

"我觉得送花最好，因为花很香。"

"我觉得送巧克力给环卫工人最好，因为巧克力很甜。"

"我觉得应该帮环卫工人一起打扫卫生，让他们好好休息。"

"环卫工人辛苦了，我们送杯茶给她们喝吧！"

老师很荣幸成为孩子们的摄影师，记录他们感恩环卫工人的精彩瞬间。环卫奶奶说她受到了从未有过的礼遇和尊重，第一次觉得干环卫也是这么光荣的事。

★活动十：蚂蚁王国(科学活动)

自从孩子们在树上发现了蚂蚁，蚂蚁就成了他们关注的焦点，墙角下、树下，总有他们追寻蚂蚁的身影，孩子们捉蚂蚁的过程可曲折有趣了。刚开始他们用空瓶子抓蚂蚁，却一只蚂蚁都没捉到，后来他们学会用饼干、棒棒糖、甜甜圈、苹果去吸引蚂蚁，精心准备后捕捉了许多，收获不少。孩子们在捉蚂蚁时有了新发现——蚁巢、蚂蚁抬纸片、蚂蚁亲嘴……

孩子们在家时，与爸爸妈妈乐此不疲地查阅资料、四处寻找蚂蚁的踪迹，并观察讨论。不仅认识了蚂蚁的身体构造，发现蚂蚁觅食和搬家的过程分工明确、团结协作，还发现小蚂蚁的触角像弯曲的膝盖，它的触角可以辨别气味，接收同伴发出的信号。如果谁闻到了蚂蚁在死的时候散发出的特殊气味，那是它在告诉同伴有危险。孩子们还了解到蚂蚁亲嘴其实是在相互喂食、负责保卫作战的兵蚁的牙齿格外发达等好多关于蚂蚁的科学知识。蚂蚁的世界真神奇，孩子们要学习的知识还真不少。

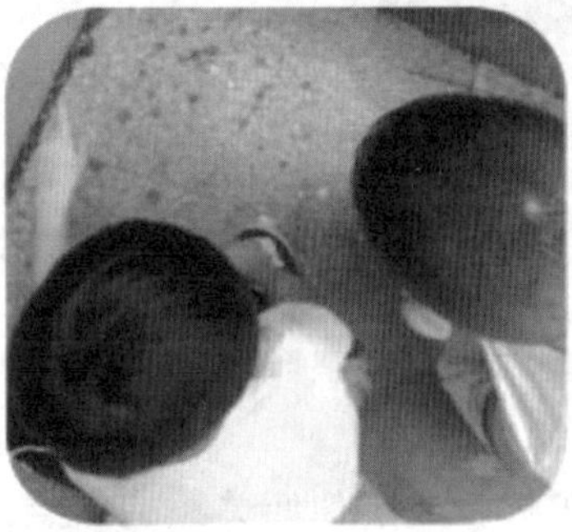

★活动十一：载人火车(户外建构活动)

户外建构活动是孩子们最喜欢的游戏。这天，轩轩、尧尧、小远和小煜的造车厂从材料的准备到成功拼搭"火车"，经过了自由组队、确定队长、寻求帮助、脑洞大开四个阶段。整个过程中，他们的合作与坚持、面对困难时的态度和解决问题的方法，都让人觉得他们真的懂事了、长大了。他们一起讨论交流、各抒己见，有思考，有协商，有互助，也有模仿学习。

孩子们，坐上载人火车，去你们想去的任何地方吧。

★活动十二：参观消防中队

幼儿园又进行了一场消防演习，据老师的了解，这绝对满足不了孩子们超级强大的好奇心。

火车第一站是去参观消防急救中心。在那里，孩子们认识了不同功能的消防车、试穿救生衣，还和消防员叔叔一起坐上了车。消防员叔叔的宿舍好整齐，叔叔们讲了好多孩子们以前不知道的知识。原来消防员叔叔的工作像小蚂蚁一样有明确的分工、紧密的合作，而且他们是最勇敢的人。

"我们不能玩火，不能让消防员叔叔为我们担心。"

孩子，消防员叔叔听到你的话，一定会很感动。也感谢你们把最美好的祝福和最美的舞蹈送给了可亲可敬的消防员叔叔。

★活动十三：慰问福利院的爷爷奶奶

火车第二站是去福利院。

福利院的爷爷奶奶最需要大家的关怀，孩子们将自制的小花和捏成的小泥人、小刺猬送给了他们，孩子们还跳操给爷爷奶奶们看，他们笑得把眼睛眯成了一条缝。

这是老师见过的最温暖的笑容。孩子，记住回家后一定也要给爸爸妈妈、爷爷奶奶来一个大大的拥抱哦。

★活动十四：我们一起去烧烤

角色区的烧烤乐园是孩子们的最爱，这里的老板彬彬有礼，服务员热情周到，吸引了不少的“顾客”。妈妈们说想办一场亲子烧烤盛宴，孩子们听后兴奋得手舞足蹈。

火车第三站当然是烧烤园。

4 月 21 日，龙灵山烧烤园有一场美丽的约会——亲子烧烤盛宴：“串肉、串翅中、串火腿；洗水果、切水果、切黄瓜。”大朋友、小朋友把食材编成了儿歌，亲子齐动手，烧烤园好不热闹！这时大人们才惊喜地发现，原来的小调皮们已经学会了分工、合作、倾听，做错了事也会道歉了。

孩子，你们已经悄悄长大了呢！

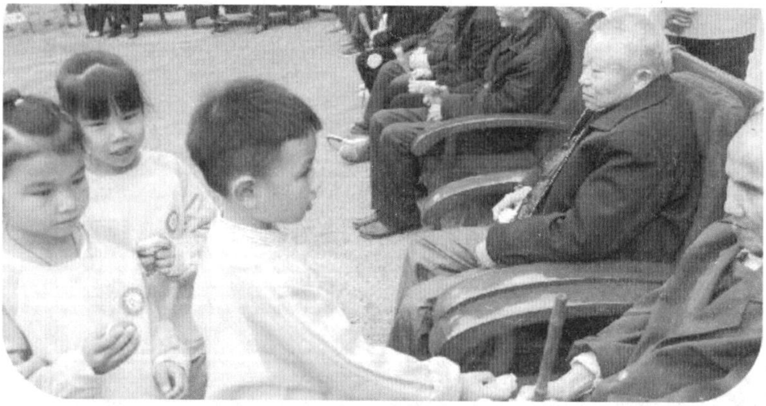

★活动十五：请甘伯伯看看我们的龙灵山美景

"我们觉得甘伯伯他们一定是去了龙灵山的十里花坡，我们看到那里也有这样的树，不过好像没有看到甘伯伯这样的房子。"

"我们邀请甘伯伯他们来龙灵山玩吧！"

"我要带他们去十里花坡拍照，那里的花可美了！

"我想带他们去摘野菜，江边有好多南苜蓿。"……

每个人的想法都不一样，孩子们把自己喜欢的画面和生活中见到的事物融在一起，一边动手剪剪贴贴、一边拼拼画画进行故事的

系列创作，在画画说说中，一幅幅春天的风景图、一个个新的故事应运而生。孩子们说要请甘伯伯来看看我们龙灵山的美景，听大家讲述自己的故事。

★活动十六：故事会《甘伯伯……》

早上九点，家长们都来了，故事会正式开始。孩子们、家长们、老师们既兴奋又紧张，充满了期待！

看到放在电脑投影仪上自制的绘本，刚开始孩子们还紧张得不停地眨着眼睛，后来越讲越兴奋，眼睛里闪着光。睿睿请来了他的爸爸，他们讲的《甘伯伯和恐龙先生》实在太精彩了，惹得大家哈哈大笑；城城和妈妈讲了《甘伯伯养的金鱼逃跑了》的故事，故事里的金鱼真调皮，总是跑到一个不容易被发现的地方，和大家一起捉迷藏。

孩子们大胆地想象、创编故事，绘声绘色地讲述自己的故事，认真倾听他人的故事，愉快地表演故事，他们就是名副其实的“故事大王”。听说孩子们有成为“故事大王”的小秘诀，讲故事时可以按照下面的表格来讲哦：

确定兜风的时间	
确定兜风的具体位置	
确定兜风的人物	
和甘伯伯去×××兜风的起因	
和甘伯伯去×××兜风的过程	
和甘伯伯去×××兜风的结果	

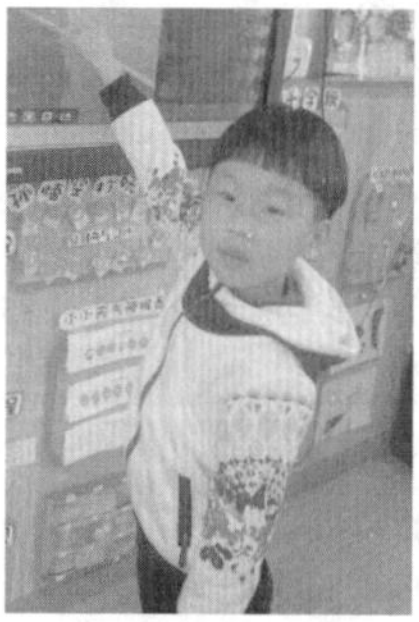

班级故事会结束了，班上的每一个孩子的表现都很不错呢！

故事会后，孩子们又多次在表演区表演了童话剧《和甘伯伯去兜风》和《爱心树》。

八、活动评价

（一）幼儿评价

我在"和甘伯伯去兜风"绘本主题探究活动中的进步

班级：大四班　　　　幼儿：琳琳

目标维度	我的进步		我给自己画红花
	目标	家长记录	
情感态度	（1）我懂得了如何关心同伴 （2）我愿意主动帮助他人 （3）我喜欢观察探究身边的事物	• 我在家里会帮妈妈爸爸拿拖鞋。妈妈的包包忘记收了，我会帮她收起来。物品每天都有十万个为什么，妈妈有时候都回答不出来呢	❀ ❀ ❀

续表

目标维度	我的进步		我给自己画红花
	目标	家长记录	
知识经验	(4)我会看云识天气 (5)我知道蚂蚁的生活习性 (6)我知道齐心协力就能解决更大的问题	● 武汉的天空格外晴朗，天上的云也多，我最近会跟爸爸讨论云的颜色、云的形状，还会猜测天气，就像一个小气象家	❀ ❀ ❀
能力方法	(7)我能为自己的错误行为道歉 (8)我能主动为班级服务 (9)我能自己制作故事书	● 今天，我不小心踩着了妈妈的脚，我主动说：“妈妈，对不起!”妈妈愣了一下，说：“琳琳真的长大了，我都感觉有点不认识你了。以往你做错了事都是逃避责任，还总找借口岔开话题。”妈妈又说：“我们真的很感激老师开展的主题活动，给孩子带来这么大的改变。”	❀ ❀ ❀

说明：(1)家长与幼儿交谈，幼儿说说自己的进步　(2)家长在“我的进步”一栏里记录下孩子说的话　(3)幼儿给自己画红花，可画1~3朵红花

(二)教师评价

本班幼儿在“和甘伯伯去兜风”绘本主题探究活动中的进步

领域	具体指标	教师评价		
		很好	好	加油
健康领域	(1)懂得一些旅行的基本常识	78%	17%	5%
	(2)喜欢和同伴做游戏，不给他人造成危险	90%	10%	0
	(3)能自觉遵守基本的安全规则和交通规则	80%	10%	10%

续表

领域	具体指标	教师评价		
		很好	好	加油
社会领域	(4)知道遇到问题不能逃避责任，不能相互指责	61%	22%	17%
	(5)能和同伴分工合作、协商讨论，对自己的工作认真负责	74%	23%	3%
	(6)愿意与大家分享自己的所见所闻	96%	4%	0
语言领域	(7)能根据绘本图片大胆创编新的故事	61%	24%	15%
	(8)愿意大胆讲述故事	87%	9%	4%
	(9)为自编的故事配上图画，制成图画书，并进行讲述	76%	5%	19%
科学领域	(10)观察发现动植物的外形特征、习性与生存环境	99%	1%	0
	(11)初步了解人们的生活与自然环境的密切关系	80%	14%	6%
	(12)能通过观察、比较分析，发现不同种类物体的特征或某个物体的前后变化	62%	24%	14%
艺术领域	(13)乐于观察身边的动植物并展开想象	98%	2%	0
	(14)用自己喜欢的语言、动作模仿进行艺术表现	97%	3%	0

(三)家长评价

本班家长以叙事故事的形式描述了孩子在绘本主题活动“和甘伯伯去兜风”中的进步。现摘录几篇家长写的叙事故事。

亲子故事一：了解绘本主题探究活动

老师说要以绘本《和甘伯伯去兜风》为载体举办一次主题探究活动，我对绘本主题探究活动还不是那么清楚，所以每次都会很关注群里的信息，想多了解孩子们在幼儿园究竟学了些什么。

老师建议让孩子养成21天阅读打卡的习惯，我每天下班回家都会抽时间陪孩子读一本故事书。渐渐地鑫鑫每天已经习惯了听一个故事睡觉。从刚开始的有些听不懂，到后来能够主动地提问题。

他需要我解释一些词语的意思，还会针对故事情节提出疑问。我感觉孩子故事听多了，好像懂得也多了，比我想象的懂事了。

老师每天将孩子学习的重点和观察的记录发到群里，我也慢慢了解到原来绘本探究活动就是以绘本故事为核心，追随孩子们的兴趣爱好，与孩子们一起探索、交流、学习，发现孩子们的成长与进步。

这个月的活动丰富多彩，我们一起读绘本，一起出去挖野菜、烧烤，认识各种动植物，召开分享会、故事会……孩子们在探究活动中观察蚂蚁，了解蚂蚁的习性，认识蛔虫病、认识苍蝇和蚊子，学会看云识天气，自制小火车、到消防中队参观等，他们学会了许多连我们家长都不会的知识，更重要的是孩子有了责任意识，不再像之前总是找借口推卸责任了。

这一个月里，孩子一回到家里就问无数个问题，有时还出题目考我们父母，让我们瞠目结舌，不知如何回答，原来我们完全跟不上孩子们的步子了！

真希望幼儿园能经常开展这样的绘本主题探究活动。

亲子故事二：我的心心长大了

最近心心回到家，就要给我说说幼儿园的新鲜事。她说，在幼儿园有个烧烤店，她去“吃”过很多次，她也当过“老板”，请过服务员，而且生意很好……每次听到心心讲幼儿园发生的趣事，我内心是激动的。

老师开展“和甘伯伯去兜风”这个绘本主题活动之前，和我们家长进行过讨论，让我们了解在活动展开过程中需要做些什么。活动中，老师每天把孩子关注的话题和精彩的片段与我们分享，我见证了心心从被动参与游戏到主动积极地玩游戏的整个过程，我能明显地感受到心心每一次情绪的小变化。

心心是个慢热的女孩，她内向腼腆，常常宁愿一个人待着也不主动找别人玩。开展“和甘伯伯去兜风”这个主题活动期间，老师创造了很多机会，带着孩子们走进大自然，走进生活，收集孩子喜欢的、感兴趣的话题，并以不同的方式满足了孩子们的好奇心。老师设立了家长课堂，开展了亲子活动，为我们提供与孩子相处的平台，走进孩子的学习生活。我的心心由最初的听众到怯怯地举手发言再到积极主动地与同伴、老师互动，每一个小小的进步都让我惊喜不已。

幼儿园角色区的烧烤乐园是孩子们最喜欢的游戏，游戏中孩子们逐渐学会了分工、合作与协商。所以在孩子们提出去烧烤的请求后，我们家委会成员在第一时间进行了紧急商讨，确立了活动目标，并制定了具体的活动方案。

4 月 21 日，天公不作美，下着零星小雨，但心心的心情完全没有受到天气的影响，她不断地催促我和她爸爸，郑重其事地说："我们要守时，不能迟到！"小家伙的时间观念和责任感越来越强了，我和孩子爸爸相视一笑：心心长大了！

来到烧烤园，我们发现许多孩子和家长来得更早！

这里的空气新鲜得总让人忍不住要多吸一些。烧烤活动开始了！大家一起动手处理食材，一起合作烧烤，团结一致。当大家吃上美味食物的那一刻，孩子们的眼睛闪烁着光芒，笑容里带着自豪，我从没见过孩子吃东西时有这样幸福的表情。此时此刻，我才理解老师常与家长们提及"鼓励孩子多动手、创造机会让孩子参与活动"的良苦用心。孩子们都很懂事，守规矩，排着长长小队，耐心地等待烧烤的食物，他们像美食专家慢慢地品尝，绽放出天真无邪的笑容，自由自在地游戏、玩耍，欢声笑语一片。心心悄悄跟老师说，她"非常喜欢这样的活动，比去游乐园好玩多了，她期待下一次活动早点到来"。

"和甘伯伯去兜风"绘本主题活动的开展不仅能树立孩子的服务意识、增强他们的责任心，也锻炼了孩子的身体，更拉近了孩子与家长的距离。感谢老师搭建了有意义的交流平台，使我们在活动中对孩子更了解，亲子关系更融洽。

亲子故事三：孩子给我的惊喜

城宝说："这是很开心的一天，因为从来没有像这样，在不上课的时候和同伴们聚在一起玩。"我的孩子只要是热闹的地方就喜欢，总是闲不下来，上蹿下跳的，很容易受伤，作为家长，我也没有过多干涉。因为我知道，孩子在家里没人陪他玩，大人们总是各忙各的。

这天，我们早早地来到龙灵山烧烤园，城宝自己切黄瓜、串烤肠……这时我才发现，原来我的城宝动手能力已经很强了，他不停地和其他小朋友讨论黄瓜要怎么串在一起，可以到哪里去卖……我总以为幼儿园的孩子除了玩游戏就什么都不会了，原来老师们早已将生活中的技能融在游戏中了。

这一天，城宝给了我太多的惊喜。

九、课程反思

《和甘伯伯去兜风》这个故事不仅仅是给孩子们看的，它还在与我们老师和家长进行对话。虽然我们已是成年人，但在生活中，当看到很多我们不愿承担责任的情况时，也会逃避或指责他人，其实这些都是不成熟的表现。所以教师希望借这次生成性绘本主题探究活动的开展，与家长们和孩子一起直面问题，学会承担，学会付出，真正长大。本次活动，我的感悟是：

（一）多与幼儿互动，促进幼儿发展

整个活动尊重幼儿的年龄特点、兴趣爱好，以教师和幼儿为双主体共同构建整个活动内容。将幼儿的关注点与绘本主题巧妙结合，引导幼儿独立思考，尝试解决生活中的小问题，以游戏的形式引导幼儿总结“团结力量大”的道理，以剥笋的形式呈现，达到揭示“团结合作、不相互指责”主题的效果。同时注重幼儿与同伴之间、与老师之间、与家长之间的互动关系，充分发挥幼儿的观察力、想象力和创造力，逐渐增强幼儿的自信心和责任感。师幼共读环节，我采用了点读与讲读结合的方法，与幼儿共同探讨“车不能动”的原因，引出主题。幼儿经过一段时间的学习，能凭自己的想象画出生活中常见的人和事物，并把细节描绘出来，手部动作得到了发展。比如：在“请甘伯伯看看我们龙灵山的美景”“踏青寻春——放风筝”等活动中，幼儿的表现是令人惊喜的，他们遇到了很多的困难，却始终坚持、不放弃，成功的喜悦也超出了我的预期。美工活动后，我和幼儿进行了分享交流，讨论“风筝”与“线”的方向问题；在版面处理上大家都能结合生活经验大胆表达，有理有据，比如辩论赛“假期出行人多好还是人少好”、社会实践活动“春游”。正因为幼儿能不断思考和探索出现的问题，所以才能克服困难，从而解决问题，获得新的经验。通过这些活动，孩子们的

语言表达能力与思维品质也得到了提高。

(二)注重家园共育，鼓励亲子阅读

教师从主题选择到活动开展都能与家长进行有效沟通，将幼儿每天的学习情况汇报，并收集反馈意见和总结，赢得了家长的全力配合和一致好评。启动亲子阅读打卡计划，鼓励幼儿发问和讨论，以渐进式的方式引导幼儿自然而然地亲近图书。教师与家长合力给予幼儿多方面的支持，引导他们及时记录和梳理，将生成性主题活动引向更深的层次。比如"苍蝇和蚊子"，家长们在和幼儿查找资料的时候，发现不卫生的食物会传播疾病，继而引发和指导孩子们去了解关于蛔虫等知识。又如游戏活动"我们一起去烧烤"，孩子们在知道烧烤需要哪些食材后，与家长共同制作烧烤食材，形成了良好的互动，区域活动里烧烤园的游戏和社会实践遥相呼应。教师每天在微信群和家园公众号上发布幼儿的学习信息，家长们纷纷点赞并表达了自己对活动的肯定与心声，大家为孩子的优秀表现感到高兴和自豪。

(三)紧扣绘本主题，多种形式拓展

我们还阅读了与主题相关的绘本《爱心树》，并进行了绘本剧表演，最后又以自制绘本故事书、举行故事会的形式来紧紧回扣主题，强化整个绘本的戏剧张力。活动中，鼓励幼儿进行角色扮演，让幼儿自由发挥创意，尽情表演。教师在活动后期与社区取得联系，为幼儿提供更大的展示舞台，支持幼儿与其他工作人员和演员交往、积累经验，增强自信心和成就感，实现全面发展。幼儿在探究活动课程进行中，责任心、爱心和任务意识得到了增强。他们把这份认知延续到家人身边，延续在生活的点点滴滴……

(四)转变教育观念，随机生成课程

《3—6岁儿童学习与发展指南》指出，老师要和幼儿一起发现并分享周围新奇有趣的事物或现象，一起寻找问题的答案。

在本次生成性绘本主题探究活动中，教师的教育理念也有了很大的提升。本次活动我观察到孩子们每天都有很多新的发现，于是我根据孩子的兴趣点又衍生出其他活动，比如"保护环境""蚂蚁王国""请甘伯伯看看我们的龙灵山美景"等。我在追随孩子兴趣的过程中又发现了更大的惊喜。孩子是学习真正的主体，他们很多的认知不是通过我的讲解实现的，而是通过自己的交往及其他实践性活动实现的。我决定应以更大的热情来展示孩子的想法，帮助他们认识到自己就是活动的建构者和创新者。

（五）总结

这次绘本主题探究活动给我最大的感触就是时刻要关注孩子的兴趣和存在的实际问题，这样才能与孩子展开真实的对话，与孩子在解决问题的过程中共同成长。教师应该对幼儿的意愿和需求有更充分的了解，尊重他们的内心，带领孩子们做他们有兴趣并有价值的活动。在进行实操活动的过程中，教师不要试图在一个活动中渗透多个知识点，把本来有趣的活动变成了有压力、无趣的活动。

本次活动还存在一些有明显的不足："故事会"活动结束后，没有及时颁奖，家长也没能来参与第二天的颁奖活动。再就是活动的资料收集不够全面，虽然很多工作家长们都做了，但没有及时把资料收集齐全。还有幼儿表演动物头饰的制作。如果有动物头饰道具加入，表演过程会更具吸引力。

后　　记

武汉经济技术开发区军山蒲潭幼儿园是武汉市一级幼儿园。本着以课题研究促进幼儿园教师和幼儿成长、促进幼儿园办园特色和课程特色形成的目的，幼儿园课题组于2014—2017年承担了武汉经济技术开发区教育规划办立项课题“基于幼儿园绘本教学的实践研究”的研究工作；2018年至今，承担了武汉市教育科学规划办立项课题“生成性绘本主题探究课程开发与实施的研究”。六年来，在崔琴园长的直接领导下，在保教负责人任佳惠、郑阳、王群的具体指导下，在全园教师(包括姊妹园——武汉经济技术开发区军山龙湖幼儿园教师)和各部门教职工的共同努力下，幼儿园已初步彰显了“分享、合作”的办园理念，初步建构了生成性绘本主题探究课程的课程体系，教师、幼儿和家长也在课题研究中共同成长。

《生成性绘本主题探究课程及活动设计》这本书凝聚了全园教职工在教科研工作中的智慧和心血。本书框架由崔琴确定并负责组织编写。统稿工作由郑阳、任佳惠共同承担，最后由崔琴统一审核定稿。本书前言和后记由崔琴、任佳惠撰写；理论篇由郑阳、吴寒、程先荣、王群撰写；实践篇由毛贝贝、常飞燕、熊婷、刘海菊撰写，参与编写的人员有王嫚、戴快、余辰煜、占容。在编写《生成性绘本主题探究课程及活动设计》一书的过程中，余首琴、刘洁冰、谈波、李晶、王一君等课题组人员也积极参与了部分工作，还有许多教师也间接为成果的形成作出了重要贡献。

在此，真诚感谢武汉市学科带头人陈瑞华和(原)武汉经济技术开发区(汉南区)教科规划办刘华贵主任以及武汉经济技术开发区(汉南区)综合业务部学前教育李艳华科长对本园课题研究工作和课程建设的关心、支持和帮助！真诚感谢武汉经济技术开发区军山蒲潭幼儿园和军山龙湖幼儿园教师的辛勤付出！真诚感谢全体撰写人员为写好本书所做出的精诚合作和最大努力。但由于能力、水平有限，在此敬请广大幼教专家和幼教同仁批评指正！

编　者

2020 年 6 月